기괴한 서커스

기괴한 서커스

1판 1쇄 인쇄	2010년 4월 23일
1판 1쇄 발행	2010년 4월 30일
지은이	김언 김참 김형술 박형섭 정익진 조말선 허만하
펴낸이	김진수
펴낸곳	사문난적
편집	하지순
영업	임동건
기획위원	함성호 강정 곽재은 김창조 민병직 엄광현 이수철 이은정 이진명
출판등록	2008년 2월 29일 제 313-2008-00041호
주소	서울시 마포구 상수동 94-1번지 102호
전화	편집 02-324-5342, 영업 02-324-5358
팩스	02-324-5388

ⓒ 김언·김참·김형술·박형섭·정익진·조말선·허만하, 2010

ISBN 987-89-94122-15-1 03810

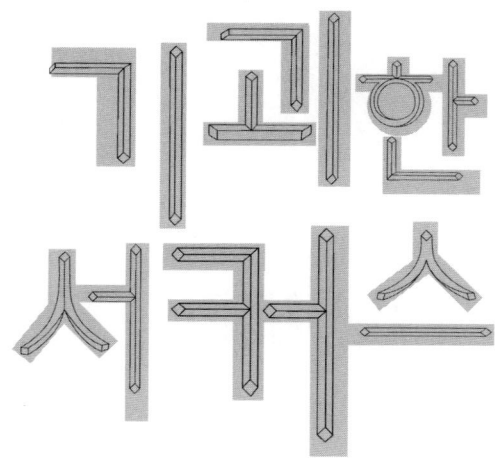

기괴한 서커스

김 언

김 참

김형술

박형섭

정익진

조말선

허만하

사문난적

서문
나는 늘 어리둥절해 있다

몇 년 전 술자리에서 김형술 선배가 '듣도 보도 못한 책'을 만들어보면 어떻겠냐는 말을 꺼냈다.

김언: ……

김참: ……

유지소: ……

정익진: ……

조말선: ……

평소에도 말이 없는 후배들은 묵묵부답이었다. 그것은 긍정이 아니라 확실히 부정에 가까운 반응이라 할 만했다. 책은 넘쳐났고 우리는 모두 개인적인 성향이 강했다. 선배는 술을 잘 샀다. 술 마실 때만은 겨우 의견이 일치하는 사람들이었다. 후배들의 심중을 간파한 선배는 그냥 술이나 마시자며 어려운 제안을 중단했다. 나는 다행이라고 생각했다. 그렇게 일 년쯤 흘렀다. 자주 만나는 사람들은 아니었다. 선배도 몹시 바빠 보였다. 김언도 김참도 유지소도 정익진도 조말선도 일부러 모이는 사람들이 아니었다. 전화를 자주 하는 사이도 아니었다. 선배는 내게 중간에서 의견을 조율하라고 했는데, 나는 기타를 조율하지 못하는 만큼 사람을 조율하는 능력이 없었다. 그래도 네, 라는 대답은 하기가 쉬웠다. 별 결과물 없이 일 년이 가고 연말이 되어 광안리에서 허만하 선생님을 뵙고 또 일 년이 가고 연말이 되어 광안리에서 허만하 선생님을 뵈었다.

몇 년이 흐르는 동안 우리는 변했다. 나이가 변했고 시도 변했고 마음도 변했다. 사물도 볼 때마다 변하는데, 몇 년이라는 세월은 우리를 한자리에 모았던 모더니즘이라는 규정도 변할 만한 시간이다. 자코메티는 마주한 사물이 생물처럼 변하기 때문에 작업의 끝이라는 말은 절대 있을 수 없다고 했다. 겨우 작업을 중단할 수밖에 없는 순간이라면 작품을 전시장에 보내는 때라고 했다. 이처럼 모더니즘 시를 시와 시간의 관계에서 규정되는 유기체라고 본다면, 나는 모더니즘 시인인가 내 시는 모더니즘 시인가 알 수 없는 일이다. 내가 규정하는 순간 그것은 지나가는 과거일 뿐이다.

　작년 연말에 와서야 허만하 선생님을 모시고 책 이야기를 했다. 그것은 '듣도 보도 못한 책'에서 상당히 멀어져버린 듯했다. '듣도 보도 못한 책'도 변했나 보다. 아무튼 우리는 모더니즘 시가 중심이 되는 책을 이야기했다. 자연히 부산의 모더니즘에 대해 이런저런 이야기들이 오갔다. 주로 허만하 선생님과 김형술 선배가 이야기를 했다. 허만하 선생님은 무척 활기차 보였다. 별로 친하지 않을 때는 꽤 까다롭고 냉정한 분이라 생각되었는데 곧잘 농담도 하셨다. 부산의 모더니즘 시인들을 일별해야 한다고 누군가 말했다. 부산의 모더니즘을 말하는 거라면 부산 모더니즘 시인들과 같이해야 하지 않느냐고 말한 것은 김참이었다. 김참은 보기보다 마음씨가 너그러워서 누구를 빼고 누구를 넣는다는 것을 몹시 못마땅해 했다. 그렇다고 다 불러모아놓고 웅성웅성 책을 만들 수는 없는 거라고 선배가 말했다. 아무래도 술값이 감당이 안 되는 모양이었다.

나는 이야기가 참 이상한 방향으로 흐른다고 생각했다. 그러면 책을 내는 이유는 무엇인가. 부산에 유독 모더니즘 시인이 많은 반면 서자 취급을 받는 서러움을 털어보자고 한 것 같기도 하고 이쯤에서 한 번 방점을 찍고 자기갱신의 기회로 삼자는 것 같기도 한데, '이 모임의 정체가 뭔지 모르겠어요' 하고 앙탈을 부리는 김참의 말을 따져 들어가면 우리는 원점에 가 있을 것이다. 이 모임은 모임이 아니다. 자연스럽게 함께 한 자리일 뿐이다. 그리고 정기적인 만남도 없다. 헤어질 때 또 언제 만나자는 기약도 없다. 아무튼 모임이 시작되고 끝나려면 잘라야 하는 것이 있는 것이다. 김참은 다음에는 안 나올 얼굴을 하고 가버렸다.

가장 모더니즘다운 시가 바로 유지소라는 김형술 선배의 정곡을 찌르는 말에도 불구하고 유지소는 나오지 않는다. 선배는 많이 아쉬워하는 눈치다. 허만하 선생님은 몹시 재미있어 하시고 필자를 선정하는 데도 거의 혼자 다 하신다. 처음에는 민주적으로 의논을 했는데 결과는 이상하게 그렇지가 않다. 그동안 결혼하고 서울로 가버린 김언은 책이 점점 무거워진다고 걱정이다. 나와 정익진 시인은 술 얻어먹은 죄로 묵묵부답이다. 솔직히 나는 늘 어리둥절해 있다. 늘 어중간하다. 그게 습관인 것 같다. 사물을 관찰할 때 하는 버릇과 흡사하다. 사물의 안을 들여다보기가 무섭다. '안'은 통용되는 '의미'로 꽉 채워져 있기 때문에 내가 들어설 자리가 없어 보인다. 내가 '안'에 고착되기 전에 낯선 '밖'이라는 현상에만 집중하고 싶은 것이다. 그러나 그것은 바라는 대로 잘 되지 않는다. 어느 정도는 '안'에 끌려가고 있다. 나는 '밖'과 그것을 감싼 공간과 시간을 원시적으로 만나고 싶은 것이다. 그 순간에 내게로 밀려오는 예기치 못한 현상과 조우하기 위하여 나는 늘 어리둥절해 있고 싶은 것이다.

  어느 날 광안리에서 선배와 김참 얘기를 하고 있는데 '내 욕했지요' 하고 김참이 씨익 웃고 들어서는 걸 보고 얼마나 마음이 즐거웠던지. 정익진 시인은 가만히 앉아 있기만 하는데도 선배가 못 잡아먹어서 난리다. 그래도 둘이 좋아한다니 묘하다. 어쨌든 티격태격하면서 모이는 가장 큰 이유는 술 마실 때만큼은 의견이 일치하기 때문이다. '듣도 보도 못한 책'은 세상에 나오기도 전에 변했다. 변하는 것이 당연하다. 그것은 결코 세상에 나올 수 없는 운명이 아닐까. 누구나 책을 하나 내놓을 때는 '듣도 보도 못한 책'이 되길 바라지만 그것은 나오는 순간 이미 변해버리는 것이다. 그래서 또 누군가는 꿈을 꾸는 것이겠지.

2010년 4월

조말선

차례

서문_나는 늘 어리둥절해 있다 — 조말선 · 4

허만하

시_인체해부도 · 14
    균열 · 15

산문_모더니즘이란 무엇인가 · 16

박형섭

산문_잔혹성의 시인, 아르토 · 44

김참

시_기괴한 서커스 3 · 68
    기괴한 서커스 4 · 69

산문_부산 모더니즘 시의 기원과 계보 · 71

조말선

시_돌아선 얼굴 · 118
    코의 위치 · 119

산문_몇 가지 징후들 · 120

김언

시_동반자 · 126

산문_그래, 그래, 몇 개의 록 · 131

정익진

시_핸드프린팅 · 146

頭象 · 148

산문_여기, 그리고 무한한 저쪽 · 150

김형술

시_동지들 · 176

수프와 세탁기 · 179

산문_시인들은 무슨 재미로 사나 · 182

허만하

시_인체해부도
　　　균열

산문_모더니즘이란 무엇인가

1957년 《문학예술》로 등단.
시집 《해조》 《비는 수직으로 서서 죽는다》
《물은 목마름 쪽으로 흐른다》 《야생의 꽃》 《바다의 성분》 등.
시론집 《시의 근원을 찾아서》.
이산문학상, 박목월문학상 등 수상.

인체해부도

1

내 흉곽 안쪽은 죽음보다 격렬한 꿈과, 이따금 반짝이는 회한의 별빛과 손풍금처럼 지루하게 수축과 이완을 되풀이하고 있는 심장의 미끈미끈한 촉감으로 도배되어 있지만, 나의 피부 바깥은 푸른 바다에 남아 있는 목마름처럼 다빈치가 그린 인체해부도에는 보이지 않는다.

2

나의 피부는 나의 국경이다. 나의 피부 바깥은 으스름이 조용히 서리기 시작하던 낯선 도시와, 밤안개 속에서 스스로의 외로움을 비추고 서 있는 가로등 불빛과 치열하게 쏟아지는 눈송이에 묻히고 있는 희끗희끗 추운 겨울 풍경이다.

균열

　모세혈관보다 가는 실금이 처음으로 찾아들었던 것은 풍화를 앞둔 바위의 표면이 아니라 살아 있는 주체의 내부였다. 더러움에 물드는 손을 실감하면서도 굴욕적으로 타협하는 자아와 바다 빛 잉크로 피난도시 밤하늘 별빛의 눈물겨운 아름다움을 쓰는 또 하나의 자아 사이의 균열을 계절보다 먼저 느낀 시인. 오렌지 빛 알전구 불빛이 밀려드는 바다안개처럼 흐린 대폿집 비좁은 화장실에서 손을 씻는 그 시인의 등은 어떤 경사면보다 적막했다.

모더니즘이란 무엇인가
_ 일곱 단상으로 그리는 모더니즘 풍경

1

비평의식의 결여는 상황의식의 결여와 함께, 과거에 대한 맹목적인 자기동일화에서 생기는 자아비판의 결여라는 속성에 이어진다. 모더니즘이란 연대에 바탕을 둔 시간개념이 아니라 세계를 비평정신으로 인식하는 데서 태어난 문화적인 이데올로기다. 달리 말해서 사유와 언표행위 및 감수성의 한 모드(mode, 모더니티의 라틴어 어원)다. 20세기 이전의 미술, 음악, 문학을 지배하던 이념을 뒤엎는 모더니즘은 문자 그대로 사상의 지진이었다. 모더니즘에 대한 이해 없이는 20세기 문화를 이해할 수 없는 것이다. 모더니즘은 사실 연대기와는 무관한 예술 원리(가치)다.

나는 전후의 대구에서 시작한 내 시 쓰기 들머리에서 만난 오든 그룹의 스티븐 스펜더(Stephen Spender, 1909~1995) 이야기를 먼저 떠올린다. "과거를 현재와 만나게 하는 것이 모더니즘의 목적"이라 말한 이 영국의 시인은 다음과 같이 덧붙였다.

모더니즘 운동이 여전히 하나의 도전인 이유는 가장 위대한 현대인들이 현대세계의 경험을 하나의 통일성으로 다루었기 때문이다. 그들은 모든 과거와 다른 현재의 경험을 하나의 전체로서 표현하고 있는 작품을 창조하려 했다. 산업사회의 제약이라는 전례 없는 특질이 환경과 개인의 관계를 전적으로 바꾸어버렸다고 느꼈기 때문에 (그들은) 이와 같은 작품의 창조에 달라붙었던 것이다.

―스티븐 스펜더,《모던의 싸움》

이러한 언급의 배경으로 "근대란 상반되고 서로 모순되는 가지가지의 사물경향이 공존하는 시대다"라 말한 발레리(Paul Valéry, 1871~1945)의 견해를 상기하게 한다. 모더니즘의 기원을 산업사회에서 찾는 스펜더의 견해는 정당하다. 기원이란 비판적 해석 없이 있을 수 없다. 기원은 절대적 이념으로 있는 것이 아니라, 뒤따라가는 지성이 만들어내는 것이다. 이러한 사후적 해석을 통하여 과거의 유산이 현재의 문맥에 이식되어 그 자리에 새로운 사상의 싹이 트는 것이다.

모더니즘에 대한 논의의 전제로 우선 염두에 두어야 할 일은 모더니즘은 서양에서 태어난 현상으로 동양의 그것은 서구에서 전파된 것이란 사실과, 모더니즘의 발생에 대한 논의가 자연히 우리들에게는 생소한 서양역사의 구분과 밀착해 있다는 사실이다. 나의 논의는 이러한 전제 아래서 이루어진다. 서양의 역사는 일반적으로 고대·중세·근대

(modern)의 세 시기로 구분된다. 이 각 시대를 간략히 도식화하여 각 시대의 특성을 요약하면, 고대는 로마제국이라는 거대한 판도를 가진 통일전제국가의 시대이며, 중세는 정신사적으로는 카톨릭 교회·로마 교황의 일원적 지배로, 정치사적으로는 권력 분산적으로 통합되지 못한 소 봉건 영주 할거의 시대이며, 근대는 이러한 소연방이 국민국가 단위로 통합되는 시대라 할 수 있다. 서양에서 근대화란 중세 봉건제의 제도적 구조를 붕괴시키고 근대화 혁명을 수행하는 일에 다름 아니었다. 모더니즘이란 이런 정치경제적인 변혁에 상응하는 문화적 이념이었다. 푸코는 '중세와 르네상스' 다음에 17세기 후반에서 18세기에 걸치는 '고전주의' 시대, 그리고 19세기 초엽 이후의 '근대', 세 가지로 나누어 각 시대의 에피스테메를 제시한 바 있으나, 이번 논의에서는 이런 사실을 지적하는 데 그치기로 한다.

　모더니즘의 기원에 대한 의견은 구구하다. 어떤 학자는 1) 르네상스, 종교개혁, 신대륙 발견 같은 지리적 발견에서 모더니즘의 싹을 찾고, 또 다른 사람은 2) 근대국가의 형성, 은행제도, 자본주의(부르주아지 계급의 형성)와 모더니즘의 탄생을 연결시킨다. 또 다른 견해는 3) 실증적 과학정신의 탄생과 그 전개에서, 더 구체적으로 말한다면 갈릴레이에서 뉴턴에 이르는 과학혁명으로 비합리주의를 벗어나 합리주의를 정치 경제 사회 분야에 펼치는 일=계몽주의(Enlightenment)에서 모더니즘을 찾고 있다. 하버마스(Jurgen Habermas, 1929~)는 현대는 계몽주의와 함께 시작한다고 보고 있다. 다시 더 세밀하게 4) 근대 산업화 사회의 형성과 이에 따르는 테크놀로지와 공업문명의 탄생을 모더니즘의 온상이라 보는 의견들이 있다. 문자 그대로 이 영역은 백가쟁명의 터전이 되어 있다. 이런 다양한 견해의 요인은 각기 독립되어 있는 것이 아니라 서로 밀접히 상관되어 있는 그물의 매듭이라 할 수 있다. 이런 논의는 따지고 보면 한 의견이 한 가지 사실의 다른 표현이기도 하다. "모더니즘이란 종교, 철학, 윤리, 법률, 역사, 경제, 그리고, 정치에 대한 비평에서 시작되었다."(옥타비오 파스 Octavio Paz)라는 말은 훨씬 포괄적이나 초점이 흐린 홈이 있다. 많은 사람들이 열거하는 다양한 문화사적 사태를 관류하는 이념을 나는 진보, 진화, 혁명이란 개념이라 생각하고 이 개념이 모더니즘의 굴대가 되어왔다고 생각한다. 현대는 언제나 현대를 넘어서려는 시도를 내포함으로써 현대였으며 현대인 것이다. 이러한 복잡한 역사적 상황을 모더니즘과의 관계에서 요약하면 재래의 전통적인 문학, 예술, 신앙, 사회기구 및 일상생활이 원숙한 산업사회에서 태어난 새로운 정치 사회 경제적인 상황에 뒤떨어졌다고 느낀 정신의 활동과 그 산물이라 할 수 있다. 이러한 이념은 지난 시대의 권위(정부, 과학, 이성, 신)를 비평의 대상으로 삼고 재평가하는 기운으로 표현되기도 하였다. 연대기적으로 말하면 20세기 전반부를 지배하던 사회 이데올로기라 할 수 있다.

2

　모더니즘의 전성기는 서구의 재래의 관념에 예리한 비판의 메스를 넣은 세 사람 사상가의 지적 형성과 무관하지 않다. 20세기 사상은 인간의 '지'가 그때까지 오래도록 그 위에 안주해왔던 지반을 근본적으로 뒤집는 모습으로 전개되었다. 서구 근대사상을 총체적으로 문제 삼기 시작한 것이다. 즉, 근대의 어떤 관념이, 어떤 사유도식이 현재 사유의 질곡이 되어 있는가 하는 것을 문제 삼기 시작한 것이다. 이러한 격동의 진원지가 된 세 사상가 이름으로 마르크스(Karl Marx, 1818~1883), 프로이트(Sigmund Freud, 1856~1939), 니체(Friedrich Nietzsche, 1844~1900)를 들 수 있다. 마르크스는 코기토·주관성/주체성을 근거로 하는 '인간중심주의'를 해체하고 사회관계 총체로서의 인간이라는 새로운 인간 개념을 만들어내었다. 즉 자아와 의식도 사회관계에 의해서 이루어진다는 주장을 내세웠다. 프로이트는 무의식 세계를 발견하여 이성적 주체로서의 인간의 자율성을 뒤흔들었다. 달리 말해서 그는 비합리적인 생명의 힘=비이성을 확인한 것이다. 마르크스의 눈이 바깥을 향한 것이었다면 프로이트의 그것은 안을 향한 것이라 할 수 있다. 20세기에 이르러 이성적 인간은 안팎에서 무너지기 시작한 것이다. 니체는 소크라테스 이래의 서양 형이상학 전통 전체를 내적 억압과 외적 지배를 반영하고 있는 교묘한 기만의 형태라 분석하였다. 특히 기독교에 대한 그의 비판은 혹독했다. 니체 발언의 충격이 쉬 가시지 않는 것은 그 논리성도, 학문적 엄밀성도 아닌 20세기 역사 자체 때문이다. 근대에 이르러 인간이 맞이했던 경험은 어떠한 속임수와 변명에도 불구하고 인간은 이성으로 판단하고 행동할 수 있는 존재라는 믿음을 그대로 지키기에는 지나치게 버거웠던 것이다. 오히려 그 반대되는 일들이 근대에 이르러 계속 드러나기 시작했던 것이다. 20세기의 경험은 이성과 별도로, 잔인과 자기파괴도 문명에 내속되어 있는 것이 아닌가 하는 회의와 또, 이성 자신이 잔인과 자기파괴와 동일성을 가지는 것이 아닌가 하는 짙은 회의를 불러일으켰던 것이다. 문명이 야만보다 가치가 높다든가, 선과 악의 구별은 불변한 것이란 신념이 흔들리기 시작한 것도 현대에 이르러서다. 근대라는 프로젝트(하버마스)는 근대라는 '지옥'(베냐민 Walter Benjamin, 1892~1940)과 통해 있다는 사실을 깨닫기에 이른 것이다. 아도르노(Theodor Adorno, 1903~1969)의 부정변증법도 이러한 토양에서 태어난 것이다.

3

한 사회 시스템에 구조변동이 일어나는 것은 그것을 일으키는 내부적(자생적) 요인과 외부에서 밀려드는 힘에 의한 전파적 요인으로 나누어 생각할 수 있다. 문화의 근대화는 단독으로 일어날 수 없다. 그것은 기술과 경제의 근대화, 정치의 근대화 및 사회의 현대화의 일환으로 이루어지는 것이다.

허두에서 이야기했지만 한국에서의 모더니티는 자생적인 것이 아니라 바깥에서 수입된 의상이다. 그것은 자본주의적 시장경제와 민주주의의 실현, 가부장제 가족에서 핵가족에로의 이행 등 다면적인 근대화의 기원은 서양에서 먼저 이루어진 역사의 얼굴이었기 때문이다. 세계는 균질적인 발전을 이룩하는 것이 아닌 것이다. 서양의 사회학 이론 도식에는 아시아는 들어 있지 않았던 것이다. 마르크스는 아시아를 생각하고 있기는 했었지만 그것은 발전단계의 가장 원시적인 자리에 아시아 고유의 지리적 조건에 규정된 정부주도의 치수관개사업의 필요성에 바탕을 둔 '아시아적 생산양식'이란 개념을 설정한 일이 전부다. 베버(Max Weber, 1864~1920)는 중국과 인도 사회를 전문적으로 연구하여 그 점에서 19세기 학자들보다 정확한 세계사 지식을 가지고 있었지만, 그 이론은 기본적으로 '결여이론'에 머물러 있다. 아시아는 서양의 근대화 과정에서 보는 어떤 요소가 있다 없다 하는 부차적인 들러리로 언급되어 있는 것이다. 이러한 학문적 자세에서 한국에 대한 선택적인 관심이 있을 리 없다. 아시아의 근대화를 독자적인 축에서 전망할 시점을 찾아보기 힘든 것은 엄연한 현실이다. 한국 모더니즘의 실태를 파악하는 일은 처녀지를 개간하는 일에 다름 아닌 일이다. '동양적 전제주의'(비트포겔Karl Wittfogel, 1957)란 말로 표현된 단일 중심의 중앙집권적 왕조체제에 이은 36년 동안의 굴욕적인 일본 제국주의 식민지 통치를 경험하고, 타율적인 힘으로 민주공화제 독립 국가를 수립한 지 5년 만에 미소 냉전체제 하에서 일어난 비극적인 6·25 전쟁(지금까지 휴전 상태에 있는)의 엄청난 소용돌이 속에서 태어난 한국 모더니즘의 탄생과 전개과정은 서구의 문맥으로 해석될 수 없는 특이성을 역사적으로 지니고 있다. 이러한 특이한 역사 속에서 이루어진 근대화의 실상을 밝히고 한국 시의 모더니티를 그 함수관계 속에서 밝히는 작업은 지난한 숙제에 속한다. 한국의 문화 예술의 근대화 또는 모더니즘의 발생은 상당한 부분 통치국이었던 일본 및 중국(청나라)을 통해서 수입되었거나, 그 영향 밑에서 이루어진 것이다. 일본 제국주의 치하에서의 예술 활동은 필연적으로 다양한 제약 속에서 이루어진 것이다.

1934년 한국 시는 다행스럽게 한 사건을 맞이하지 않으면 안 되었다. 그 사건이란 7월 24일자 〈조선중앙일보〉에 이상(李箱)이란 이름으로 〈烏瞰圖(抄)〉라는 시가 발표된 일이다.

烏瞰圖(抄)[1]

詩 第一號

十三人의兒孩가道路를疾走하오.

(길은막다른길이適當하오)

第一의兒孩가무섭다고그러오.

---

1) 1949년 백양당 발행의 《이상선집(李箱選集)》 105에 수록되어 있는 작품에는 烏瞰圖 뒤에 (抄)가 있기 때문에 이에 따랐다. 김기림이 쓴 〈이상의 모습과 예술〉에 〈烏瞰圖〉 게재 때의 교정부의 항의 이야기가 있었던 일에 비추어 이 백양당 판을 따라 원 발표지를 참조하지 못한 채 (抄)를 그대로 붙여둔다.

第二의兒孩도무섭다고그러오.

第三의兒孩도무섭다고그러오.

第四의兒孩도무섭다고그러오.

第五의兒孩도무섭다고그러오.

第六의兒孩도무섭다고그러오.

第七의兒孩도무섭다고그러오.

第八의兒孩도무섭다고그러오.

第九의兒孩도무섭다고그러오.

第十의兒孩도무섭다고그러오.

第十一의兒孩도무섭다고그러오.

第十二의兒孩도무섭다고그러오.

第十三의兒孩도무섭다고그러오. 十三人의兒孩는무서운兒孩와무서워하는兒孩와그렇게뿐이모였소.(다른事情은없는것이차라리낫소)

그中에一人의兒孩가무서운兒孩라도좋소.

그中에二人의兒孩가무서운兒孩라도좋소.

그中에二人의兒孩가무서워하는兒孩라도좋소.

그中에一人의兒孩가무서워하는兒孩라도좋소.

(길은뚫린골목이라도適當하오)

十三人의兒孩가道路로疾走하지아니하여도좋소.

나는 이상의 시 〈오감도(초)〉가 갖는 기하학적 구도와 주관적 감정의 완벽한 배제와 감추어진 모티브에 묻어 있는 니체의 니힐리즘과 식민지 치하의 지식인이 가졌던 니힐리즘의 뒤범벅을 읽고, 다시 모더니즘의 주요 증표의 하나인 아이러니를 제목에서 읽어내고 세계를 향한 그의 냉소적 태도를 지적하며, 한국 모더니즘의 첫걸음을 시각예술을 앞선 시에서 찾아볼 수 있었던 사실을 말한다.

이러한 서정과의 결별을 선언적으로 말하며 외롭게 서 있는 이한직(李漢稷, 1921~1976)의 입상을 만나보는 일도 이 에세이의 과제가 된다.

聳立
_로트레아몽 伯爵에게

抽象의 視野에서
판테온의 비둘기들이
떼지어 날아가는 것을 나는 본다

裝飾音의 葬列이 모두 지나간 다음
나는 비로소 나의 抒情과 訣別할 수 있었다
그러나 레아몽
진정 나 홀로 이 曠野에 서 있어야만 하는가

소리 없는 慟哭과 몸짓 없는 몸부림에 지쳐
나는 하늘 向하여 哄笑하는 버릇을 배웠다

不安한 氣候만이 나의 것이다
새싹 트고 잎새 날 期約 없는
虛無의 樹木이 나는 되자

사보덴만이 茂盛할 수 있는 非情의 하늘 아래
自虐하는 두 팔을 안타까이 내밀며 나는 섰다
여지껏 나는 뿔조아지와 親할 수 없다.

이한직의 시 〈용립(聳立)〉(《이한직 시집》, 문리사, 1976)은 모더니즘을 향한 그의 외로운 결의를 로트레아몽(Comte de Lautréamont, 1846~1870)에게 밝히고 있는 결의의 시로 눈여겨볼 만하다. 그가 말하는 '서정과의 결별'을 개인사적인 차원의 고회가 아닌, 시사적인 의미에서 그 당위성을 말하는 화살표의 방향을 밝히는 작품으로 한다면 이 작품은 한국 모더니즘 시의 역사에서 잊을 수 없는 작품이다. 청록과 삼인과 박남수와 같은 지면(《문장》)을 통해서 같은 천자(정지용)의 찬사를 받으면서 등단한 이한직의 시적 체질은 처음부터 모더니즘을 향한 친화성을 보였었다. 그가 "미싱과 우산의 수술대 위에서의 우연한 만남처럼 아름다운"이란 표현(로트레아몽)에서 보는 것과 같은 새로운 언어 표현을 목적으로 하는 일군의 쉬르리얼리즘 시인들(브르통, 아라공, 엘뤼아르)을 앞장섰던 로트레아몽에게 헌시를 쓴 사실은 암시적인 일이다. 로트레아몽의 시집은 랭보의 것과 함께 '쉬르리얼리즘의 바이블'이라 일컬어진 사실은 6·25 한국전쟁 전후의 한국 시단에서는 정착된 상식은 아니었다. 《문학예술》의 시 추천을 담당하면서도 생시에 한 권의 시집도 남기지 못하고 일본 도쿄에서 췌장암으로 별세한 이한직(그는 피난도시 부산에서 피난시절 결혼했었다)이 이 작품으로 로트레아몽을 말할 때만 하더라도 한국의 시가 크리스테바(Julia Kristeva, 1941~)의 《시적 언어의 혁명》(1974)—특히 제4부 '실천'의 6. 로트레아몽의 《말도로르의 노래》와 《포에지》, 웃음과 이 실천—을 접할 수 없었던 때다. 이한직이 시의 음률상 그 이름을 두 토막으로 잘라 부르기도 한 로트레아몽에 대한 이한직의 이해의 수위는 알 길이 없으나, 로트레아몽에 대한 그의 선구적 관심은 이 〈용립〉에 여실히 드러나 있다. 그것은 이한직 개인의 안테나에 그치는 것이 아니라 모더니즘을 향한 한국 시의 더듬이라 나는 읽는 것이다. 전통적인 수법에 의지한 이 작품은 그런 상징성을 가지고 있다. 안정된 환경에서 길들여진 언어계열을 결별하는 한 시인의 외로운 결단이 이한직 개인의 것으로 그치는 것인지, 또는 한국 시사의 것으로 변신하는 것인지는 앞으로의 한국 시 자체가 말할 것이다. 참고로, 크리스테바는 로트레아몽을 말하는 대목에서 "쉬르리얼리즘의 매혹을 겪은 오늘에 이르러서야 비로소 이 텍스트를 따져 묻고, 완성하고, 넘어설 수 있는 것이다"고 말한다. 그리고 그의 《시적 언어의 혁명》의 제1부

'이론적 전제' 첫머리에서 로트레아몽, 말라르메, 조이스, 아르토의 이름을 들고, 이들과 함께 나타나는 새로운 현상―언설의 작열을 주체, 신체, 타자, 대상과의 관계의 변용이란 차원에서 분석하고 있다.

  내가 이 단락에서 읽는 두 편 시의 출현은 돌연변이적인 결과가 아니라, 멀리는 근대지향성과 민족지향성이 내포되어 있는 실학사상을 바탕으로 한 정신적 배양토 위에 개화를 계기로 바깥에서 밀려든 유럽 태생의 모더니즘 사상이 낳은 복합적 성과라 이해된다. 한국 시문학의 역사가 잊을 수 없는 이런 선구적인 작업을 수행한 시인의 시적 위상이 복원되는 날이 있을 것을 믿는다.

4

  모더니즘 운동은 프랑스를 위시한 유럽, 미국 그리고 극동을 위시한 다른 지역에도 영향을 미친 국제적인 운동이었으며 문학 미술 음악과 같은 다양한 예술 장르에 걸치는 장르횡단적인 열린 운동이었다. 이런 빠르고도 다방향적인 전파력은 모더니즘의 한 특징이 아닐 수 없다.

  모더니즘을 지배하는 단일한 원리를 찾아내기는 대단히 어려운 일이다. 모더니즘의 실태를 이해하는 우리들 시야에는 다원적인 인자들이 착잡하게 얽혀 있기 때문이다. 그 가운데서 나는 마르크스가 주목한 '교통' 개념을 모더니즘의 발생 및 전개에 관여한 핵심적인 인자의 하나라 생각한다.

문화란 항상 바깥과의 접촉에 의해서 성립해왔다. 그 접촉을 가능하게 하는 것이 교통이다. 교통은 모더니즘의 발생뿐만이 아니라 그 장르 횡단적인 신속한 전파력과도 무관하지 않다. 교통(Verkehr/intercourse)이란 마르크스와 엥겔스가 《독일 이데올로기》(1845~46년 집필)에서 사용한 말로 알려져 있다. 이 저서에서 마르크스는 다음과 같이 말하고 있다.

> 이 생산(생활 수단의 생산)은 인구의 증가에 의해서 비로소 출현한다. 인구의 증가는 그 자신 또는 여러 개인 사이의 교통(Verkehr)을 전제하고 있다. 이 교통의 형태는 다시 생산에 의해서 규제된다. …어떤 지방에서 획득된 생산력, 특히 발명이 이후의 발전에 영향을 미치는가 어떤가는 오로지 교통의 확대 여하에 의한다. 직접 근린을 넘을 수 있는 교통이 존재하지 않는 한, 어떤 발명도 지방마다 이루어지지 않으면 안 된다. 교통이 세계교통이 되고, 대공업을 지반으로 가지고 모든 국민이 경쟁에 끌려들어 갔을 때 비로소, 획득된 제 생산력의 확실한 존속이 가능하게 된다.

마르크스가 교통을 말하는 것은 문자 그대로 인간의 소통, 물자의 교역만을 말하는 것이 아니라, 정신적인 교통도 함께 말하는 것으로 이해해도 무관하다. 모더니즘의 발생과 확산은 이런 종합적인 의미에서의 교통을 통해서 이해된다. 사실 마르크스는 사물을 상품으로 유통시키는 과정을 개인이 서로 그 의사를 소통시키는 '정신적 교통'과 함께, 인간의 현실적 교통의 구체적 과정으로 이해했다. 정보중심의 커뮤니케이션에 대한 연구가 학문적 체계를 갖추기 이전에 이러한 총체적인 교통 개념으로 세계(사회)를 파악한 그의 능력은 높이 평가할 만한 창조정신의 발현이라 할 수 있다. 현대 커뮤니케이션 이론의 기틀을 젊은 날의 마르크스에서 찾아볼 수 있는 일은 뜻밖의 일일지 모르지만, 그렇다면 그것은 그동안 세계가 지나치게 그를 정치경제적인 각도에서만 다루었기 때문에 생긴 경솔에 지나지 않은 것이다.

마르크스가 말하는 교통이란 개념은 먼저 고정된 시스템의 존재를 의심하는 데서 시작한다. 마르크스의 견해에 따르면 처음에 두 개의 도시(공동체)가 있어서 교통이 시작되는 것이 아니라, 사람과 물자의 교통이 먼저 이루어지고 그 길의 교차점에 도시가 태어나는 것이다. 교통이란 이런 동적인 관계를 말하는 것이다.

소쉬르가 마르크스와 별도로 부분적으로 마르크스와 동일한 착상을 한 사실에 대해서 나는 한 번 가볍게 언급한 적이 있다(계간 《시와 세계》, 1955년 가을호). 지리적 공간 안에 두어진 언어체계에 대해서 작용하는 두 개의 힘을 소쉬르는 향토의 힘(force du clocher)과 교통의 힘(force de l'intercourse)이라 말했다. 그가 말하는 향토의 힘은 사람을 마을 또는 지방에 가두어버리고 주위에서 고립시켜 외부로부터의 압력에 저항하는 구심적인 힘이다.

외부와의 관계를 끊고 한정된 내부에서 커뮤니케이션을 하는 결과 이러한 공동체 구성원의 언어와 관습은 점차 특수화해간다. 두 번째 교통의 힘은 사람들의 광범위한 이동, 교역, 커뮤니케이션을 일으킨다. 내가 원심력으로 이해하는 교통의 힘은 제일의 힘(향토의 힘)을 교정하는 힘이 될 수 있다. 이 두 가지 원리는 서로 싸우며 하나는 균질화(수평화)를 향하고 다른 하나는 특수화를 향한다. 언어학에서 코페르니쿠스적 전환을 일으킨 소쉬르의 이런 견해는 모더니즘의 성격을 이해하는 데 훌륭한 지침이 될 수 있다. 교통에서 격리되면 그 사회는 굳어버린다. 그것은 '분업의 고정화'이고 변화를 물리치는 시스템의 형성에 이어지는 것이다. 다양한 견해가 교차하는 모더니즘의 발생과 수용을 이해하는 데 이 교통 개념은 주요한 열쇠개념이 될 수 있을 것이다. 모더니즘의 이해 또는 반이해 어느 입장에 서든 그 정신은 이 교통의 그물 안에서 정리되는 것이다.

발레리에 의하면 유럽의 우월은 과학에, 과학이 가지는 행동력의 가치에, 즉 테크놀로지로서의 가치에 있을 뿐이다. 그러면서 이 시인은 과학(테크놀로지)은 확산하는 일, 즉 전파를 억제할 수 없는 일을 그 본질로 한다고 말하고 있다.

> 유럽은 과학의 토대를 잡았다. 이 과학은 생을 변형하고, 이것을 소유하는 자의 역량을 증가시켰다. 그러면서 과학은 다름 아닌 그 성질에 의해서 본질적으로 전이가능(transmissible)한 것이며, 필연적으로 방법과 보편적인 처방으로 분해된다. 과학이 다른 것에 주는 수단은 다른 것도

이를 체득할 수 있다.

—폴 발레리, 《현대세계의 고찰》 서문

5

21세기에 접어든 문화 환경을 말하는 데는 테크놀로지를 빼놓을 수 없다. 테크놀로지는 인간이 대상적 자연에 작용하여 사물을 생산하는 방식 또는 목적을 실현하기 위한 인공적인 수속(수단)을 말한다. 이와 유사한 말로 기술이 있으나, 기술은 일반적으로 개인의 경험을 통하여 축적된 방법에 의존하지만 테크놀로지에는 과학법칙과 같은 보편적 원리가 적용된다. 또한 기술은 대체로 전통과의 연속성이 유지되는 데 반해서 테크놀로지는 흔히 전통과의 단절을 불사하는 비연속성을 보인다. 이러한 기술과 테크놀로지의 대비는 그 규모의 크기에서도 찾아볼 수 있다. 기술이 대체로 개인의 창의적 활동인 데 반해서 테크놀로지는 다수 인간의 협력을 필요로 하며 권력에 의한 의도적인 노동의 조직화의 모습을 띤다. 이것을 바꾸어 말하면 기술은 인격에 의해서 다루어지지만 테크놀로지는 객관적이고 비인격적인 체계에 의해서 다루어지는 경향이 짙다. 이러한 외적 환경의 변화는 필연적으로(생물학적으로) 인간의 감성에 영향을 끼치게 마련이다. 테크놀로지와 현대시와의 관계에서 빠트릴 수 없는 것이 인쇄술이다.

손으로 문자를 쓰는 일은 인류의 문화를 소리의 문화에서 떼어내는 큰 발걸음이다. 다음에 인류가 발명한 인쇄술은 대량의 자기복제 능력뿐만이 아니라, 말과 소리의 세계를 시각적 세계로 전환하는 일을 수행하는 역할을 했다. 이런 변화는 인간의 감각에도 큰 변화를 일으켰다. 그것은 으뜸 되는 인간의 감각이 청각에서 시각으로 이행한 것을 의미하기 때문이다. 이런 이행이 세계에 대한 인간의 관계에 변화를 일으킨 것은 당연하다. 시각의 이상은 인식대상의 명석성(분명한 경계)인 데 반해서 청각의 이상은 각 부분의 조화다. 시에 이야기를 한정하더라도 인쇄술의 발명은 듣는(읊는) 시에서 읽는 시로의 전환을 일으켰던 것이다. 이미지즘의 탄생도 인쇄술과 관련되어 있다고 말할 수 있는 것이다. 말(소리)을 독립된 사물로 인식하기 시작한 일이 시의 모더니즘에 결정적 영향을 준 것으로 나는 생각한다. 모더니즘은 조용히 우리 둘레에 살아 숨 쉬고 있는 것이다. 그것은 괴물처럼 이질적인 것으로 우리 앞에 있는 것이 아니라 우리들은 이미 그 속에 잠겨 그것을 숨 쉬고 있는 것이다.

인쇄의 자기복제 능력(동일성)에 의한 신문이 '현재라는 감각'을 낳는 데 기여한 사실도 이 자리에서 지적해야 할 것이다. 신문(또한 전파 미디어) 없이 멀리 떨어져 있는 두 사람 사이에는 어떤 공유된 현재도 있을 수 없다. 각자의 현재를 가진 두 사람이 있을 뿐이다. 신문 없는 근대국가가 형성되기 어려웠을 것이라는 말도 현재를 공유하는 일이 공동체에 필수적인 조건이란 명제를 말하는 의미에서 이해할 수 있다. 우리는 처음에 모더니즘 사상의 탄생이 근대국가 형성과 무관하지 않음을 말했었다. 나는 근대에 이르러 일어난 무수한 문명현상 가운데서 우리 민족 문화사와 무관하지 않은 인쇄술 하나를 예로 들어 그것이 세계를 인식하는 인간의 능력에 미치는 효과에 대해서 간략하게 훑어보았다. 따라서 우리들은 지금 무수한 현대 기술이 개발되고 활용되고 있는 현대사회의 주민의 한 사람(현대인)의 감각과 세계 인식 능력이 필연적으로 입게 될 변화는 무한히 복잡하게 얽혀 있다는 사실을 일단 긍정하는 데서 시와 모더니즘의 관계를 살펴보지 않을 수 없다. 시의 모더니즘은 종래의 목가적인 시의 방법에서 스스로를 자각적으로 떼어내는 데서 시작한다. 종래의 시의 유통 가치는 취미, 즐기기, 진실성, 자연스러움이었던 데 반해서 모더니즘 예술은 모더니즘 정신에 따라 세계에 대한 비평정신을 근간으로 시작된 것이다. 그 비평정신의 대상에는 당연히 예술의 방법(시적 문체)도 포함된다. 그것은 때로 유통가치(전달성)를 희생하는 자각적인 언어 조작에 이어져 있어서 시는 일반대중으로부터 거의 완전히 고립해 있다.

　현대인이란 인간성이 변화한다는 전제에서 출발한 사람들을 말한다. 인간성까지는 아니더라도 과학이 항상 변질시키고 있는 환경과 개인의 관계가 변화한다는 생각에서 출발하는 사람들을 말한다. 그 변화는 동시대인이 함께 느끼는 변화가 아닐 수 있다. 시인의 지진계 바늘처럼 예민한 감각이 느끼는 이런 변화는 시를 지어내는 말의 성격에도 변화를 일으키게 마련이다. 현대의 시인이 이룩한 일은 새로운 시적 언어를 만들어내는 일이었다. 현대의 관용적 언어의 뉘앙스에 대한 정지용, 김기림, 이상, 김수영, 김춘수, 김구용, 조이스, 엘리어트, 파운드, 울프, 카프

카, 베케트, 블랑쇼 등의 지적 자각이 그 새로운 문학적 관용어를 오늘의 것으로 개조했다. 시를 포함하는 이러한 현대문학 예술 대부분이 아직 문학적 엘리트의 언어로 남아 있는 것은 수요자들의 감수성이 그들 업적에 미치지 못하기 때문이거나, 시의 일부 독자들이 시간에 의해서 변화하지 않는 절대적 가치의 존재를 신봉하는 사람들이기 때문이다. 참된 시는 새로운 가치의 제시에 관심을 가지지, 이미 알려져 있는 경험의 반복에는 무관심하다.

6

아방가르드(Avant-garde)는 프랑스어로 원래는 전진하는 부대의 최전방에서 길을 여는 고도로 훈련된 소수의 군인들을 지칭하는 군사용어였지만, 그 후에 문화영역에서 일반 대중을 앞서서 규범 또는 기존 상태(status quo)의 경계를 확장하여 새로운 사상 공간을 확보하려는 운동 또는 그런 운동에 참여하는 당사자들을 말한다. 문학과 예술 영역에서 실험적이고 혁신적인 작업을 수행하는 운동을 가리키는 이 말은 모더니즘의 증표와 무관하지 않다. 따지고 보면 모든 예술은 아방가르드에 의해서 그 참된 명맥을 유지할 수 있었다. 아방가르드는 치열한 예술적 에너지의 자연스러운 발현을 의미하는 대명사에 지나지 않는다. 보들레르의 "문필인은 세계의 적이다"라는 말에 "이 사회는 그를 살게끔 하지 않을 것"이라 호응한 말라르메의 언표에서도 창조 정신의 고립(비타

협성)을 읽어낼 수 있다. 아방가르드는 역사적으로 대중과 전통 양자에 대립되는 자리를 자각적으로 선택한 개척자들이었던 것이다. 쉬르리얼리즘이란 미학상의 문제가 아니라 모더니즘이 낳은 세계인식의 한 방법이고 윤리였던 것이다. 랭보가 '세계를 바꾸는' 일(〈지옥의 한 계절〉)을 말했을 때 마르크스는 이에 호응하여 세계를 변혁하는 일을 말했었다. 그들에게 관습은 시대착오적인 감옥으로 비친 것이다. 아방가르드의 적은 단일한 것이 아니다. 왜냐하면 예술의 주류가 산업사회가 낳은 상업적 가치(전달성도 그 성격의 한 부분이다)에 기울어져 있으며 우리는 현재 고도로 발달한 테크놀로지를 특징으로 하는 산업사회에 살고 있기 때문이다. 시인들이 여러 가지 사유로 마이크를 들고 대중 앞에서 시를 읊는 현상도 이 산업사회가 낳은 현상의 하나라 해석된다. 아방가르드는 대중의 몰이해 내지는 냉소의 대상이 되지만, 역으로 아방가르드는 산업화의 결과 태어난 대중문화를 경멸하지 않으면 안 되었다. 잉여가치 생산을 지향하는 자본주의의 직접적인 소생인 미디어도 아방가르드에 호의적인 것만은 아니었다. 미국의 미술평론가 그린버그(Clement Greenberg, 1909~1994)는 아방가르드와 모더니즘은 문화에 대한 자본주의적 접근에 저항하는 방편이라는 견해를 내놓았다(〈아방가르드와 키치Avant-garde and Kitsch〉, 1939). 그는 모더니즘 예술이 철학처럼 우리가 그 안에서 세계를 경험하고 이해하는 조건을 탐색하는 것이라 이해했다. 그린버그의 이러한 견해에는 나치 독일과 소비에트 러시아가 각기 아리안 문화와 사회주의 리얼리즘을 위하여 자국의 모더니즘을 탄압한 사실에 대한 고발을 은연중에 깔고 있는 것으로 이해되고 있다. 모더니즘에 대한 한 정권의 이해도가 그 정권하에서의 자유의 척도가 될 수 있다는 반어적 주장이라 해석되는 대목이다.

그린버그 출현을 연대적으로 뒤이어 프랑크푸르트학파의 아도르노와 호르크하이머(Max Horkheimer. 1895~1973)는 〈문화산업: 대중기만으로서의 계몽〉(1944)으로, 또 베냐민이 〈기술 복제시대의 예술작품〉(1936)으로 본질적으로 비슷한 사상을 개진한 일도 주목할 만하다. 그린버그가 아방가르드의 안티테제로 키치를 지목한 데 대하여 프랑크푸르트학파는 새로 솟구친 문화산업(상업주의적 출판사, 영화산업, 전자미디어, 시디산업)으로 지속적으로 생산되고 있는 대중문화라는 용어로 대치하였으나 그 논지의 요지는 서로 크게 어긋나지 않는다. 아도르노들은 이 아방가르드라는 용어가 그 본래의 의미를 떠나 일부 상업주의적 문화에 잘못 적용되는 현실을 안타까워했다. 시대의 비평정신으로 20세기 초엽에 탄생한 모더니즘은 그 이념에 대한 도전을 받기에 이르렀다.

리오타르(Jean-Francois Lyotard, 1924~1998)는 포스트모던을 "19세기 말엽에 시작한, 과학, 문학, 예술의 활동규칙에 영향을 준 여러 가지 변화 이후의 문화의 상태"라 정의하고, 이 변화를 모더니즘의 신념을 형성한 '큰 이야기(Grand Narrative)'의 위기와 관계해서 분석했다. 즉 근대의 인식이 인간주체의 해방이라는 여러 가지 큰 담론에 의하여 합법화된 일에 대하여 포스트모던은 이러한 '큰 이야기'의 무효성 내지는 불신에 의하여 정의된다고 주장했다. 그는 이성을 중심으로 이루어져온 유럽의 정신사에 의문을 제기하고 새로운 질서의 불가피성을 역설한 것이다. 그의 주장에는 비이성적인 감각과 정서의 복원을 말하는 일면도 없지 않지만, 그보다도 20세기에 이르러 과학, 테크놀로지, 정치, 경제 그리고 문화가 보이기 시작한 변화가 "진보"라는 개념을 바탕으로 이루어져온 모더니즘의 '큰 이야기'의 한계를 송두리째 들추어낸 것이다. 이러한 지진의 진원이 된 것은 리오타르의 한 권의 책《포스트모던의 조건: 지식에 관한 보고》(1979)이다. 주된 부분의 첫 5장(컴퓨터화된 사회에서의 지식)은 다음과 같이 시작한다. 포스트모더니즘과 후산업사회(postindustrial society)를 하나로 잇는 인식이 엿보인다.

> 우리들의 잠정적인 가설은 사회가 후산업시대로 알려진 시대에 들어가고 문화가 포스트모던 시대에 들어갈 때 지식상황은 변화한다는 것이다. 이러한 변천은 적어도 1950년대 말부터 이루어지고 있다.

포스트모던이란 개념을 이 저서에서 새롭게 검토 정의하고, 인간의 점진적 해방이란 신념을 전제로 한 '근대'의 기본원리(=계몽의 원리) 자체가 무효화된 것이 아니라는 하버마스의 논거를 신랄하게 비판하여 리오타르는 포스트모던을 대표하는 사상가로 그 위상이 굳어지고 그의 사상은 뜨거운 논쟁의 불씨가 되었다. 이 '포스트'라는 접두어 때문에 많은 오해와 혼란이 있었으나 연구자들에 의하여 그 오해는 풀리게 되었다. 포스트모던은 모던의 뒤에 오는 것이 아니라 그것은 모던을 부정하고 전-근대(프리모던)에 돌아가기를 주장하는 반-근대(안티모던)주의도 아니다. 리오타르 자신에 의하면 그것은 모던 한가운데서 모던 성립근거를 다시 묻고 모던의 기원에 있는 망각을 상기하는 것이다. 포스트모더니즘은 언제나 출생상태에 있는 모더니즘이라 그는 주장하는 것이다. 이 포스트모더니즘이란 용어는 후기자본주의 문화의 어떤 특색을 나타내는 말로 잘못 사용되고 있는 경우를 보기도 하지만, 근대라는 지금도 계속되고 있는 큰 시대의 성격과 편차를 점검하여 역사적으로 현실화한 근대를 비판하려는 의지의 학문적 소산의 하나가 포스트모더니즘이라 이해할 수 있을 것이다. 리오타르의 사상이 정치적인 쪽으로 기울어지는 성격이 지적되기도 하지만(초기에 마르크스주의자였던 그는 15년간 사회주의 단체의 행동대원으로 일한 경력을 가지고 있다) 그의 사상은 자본주의가 고도로 성숙한 21세기에 접어들어 있는 현대를 분석·비판하는 중요한 목소리인 것만은 분명하다.

  리오타르는 시를 포함하는 예술분야에서 특별히 아방가르드에 관심을 가졌었다. 어떤 예술은 의미의 구조체계를 보강하는 데 주력하지만 아방가르드 문학예술은 예상과 관습 그리고 수용의 기존질서에 도전한다. 리오타르의 포스트모더니즘 예술론은 다른 포스트모던 예술론과 두 가지 면에서 다른 특징을 가진다. 첫째로 아방가르드 운동은 항상 모더니즘 자체 안에서 기능하기 시작하는 것으로, 언제나 새롭고 다르기 때문에 회고적으로 모던이라 불린다. 포스트모더니즘 예술은 모더니즘을 그냥 두는 일 없이 항상 변화하는 형태로 시동을 거는 실험정신이기 때문에 수용과 의미의 기존규범을 뒤흔드는 파괴력이다. 리오타르는 문학 또 예술이 현대적이기 위해서는 먼저 포스트모던해야 한다고 생각했다. 굳은 규범으로 정착하기 이전에 그것은 먼저 불안정한 상태를 많이 고민해야 하는 것이다. 그는 아방가르드에서 개념의 한계영역의 표현을 읽어내었던 것이다. 그것은 '큰 이야기'가 주는 자신감에 물든 사람들에게 좋은 교훈이 된다고 생각했던 것이다. 아방가르드에 대한 그의 관심은 뒤샹(Marcel Duchamp, 1887~1968), 뉴먼(Barnett Newman, 1905~1970), 칸딘스키(Wassily Kandinsky, 1866~1944) 들에 대한 그의 글에 나타나 있다. 또 한 가지 그의 이론의 특색은 눈에 보이지 않는 대상(칸트의 무형 또는 형태의 부재), 예컨대 무한과 같은 추상개념을 어떻게 하면 보이게 하는가 하는 지표를 제시하고 논의했다는 점이다. 소위 그가 말하는 '음화적 제시(negative presentation)'에 이어지는 대목이다.

7

모더니즘이란 무엇인가? 이 물음은 아라공이 《1930년 입문》에서 제기한 "오늘날 무엇이 현대적인가?"라는 질문을 상기하게 하고, 또한 후기의 리오타르가 포스트모더니즘이란 개념을 창조적으로 제시하며 자기 사상 전개의 발판으로 삼았던 질문과 본질적으로 동일하다. 그렇다면 현재 우리들이 당면하고 있는 문화 및 사회적 환경이 그들이 맞이했었던 환경과 크게 다를 바 없음을 말하는 것이라 이해된다. 바꾸어 말하자면 모더니즘에 대한 몰이해 또는 무지라는 지적 환경에 대한 주체적 개혁의 지의 표현이라 읽을 수 있다는 것이다. 이 물음에 대한 대답은 이미 역사적으로 실천적인 문학예술의 성과가 말없이 대답해왔으며 또 많은 선도적 학자들에 의하여 학문적으로 정리되어왔다. 나는 그 틈새를 비집고 일곱 가지 단상으로 모더니즘 주변 풍경을 조감하기로 했다. 이러한 표면적인 묘사의 제노타입(내면정신)으로 나는 지난 4월 8일 별세한 프랑스의 시인이자 언어학자였던 앙리 메쇼닉(Henri Meschonic, 1932~2009)의 저서 《모데르니테 모데르니테》(김다운 옮김)의 첫 구절을 읽으며 모더니즘이 가지는 생명력의 끊임없는 역동성을 확인하기로 한다.

> 현대성은 끊임없이 새로 시작되는 투쟁이다. 왜냐하면 현대성은 주체, 주체의 역사, 주체의 의미가 무한정으로 새로 생겨나는 상태이기 때문이다.

모더니즘에 대한 편견은 주로 전통보수주의자들의 개인적 취향(심정적 이유)에 의한 것, 아니면 권력(때로는 당)이 우회적으로 또는 드러내놓고 요청하고 보급시키는 '좋은' 작품을 기리는 노스탤지어에 의한 것이 대부분이다. 모더니즘 및 포스트모더니즘은 미지의 풍경이 아니라, 우리들이 이미 그 속에서 숨 쉬고 있는 지적 및 감성적 풍토인 것이다. 그것은 그 풍토에서 우러나는 창조적 에너지의 자연스러운 발현이다.

박형섭

산문_잔혹성의 시인, 아르토

부산대 불문과 교수.
저서 《아르토와 잔혹연극론》(공저).
역서 《기호와 몽상》《노트와 반노트》《도둑일기》 등.

잔혹성의 시인, 아르토

> 자연에는 폭풍의 드라마,
> 인생에는 고통의 드라마가 있다.
> ―빈센트 반 고흐

1. 프롤로그

존재하는 모든 것은 작품이다! 다만 그것이 예술 혹은 미학적 평가의 대상인가가 문제다. 존재 그 자체가 작품인 예술가들이 있다. 반 고흐, 아르토, 횔덜린, 보들레르 등 드라마틱한 삶을 살다 간 위대한 예술가들이 그렇다. 그들의 삶과 체험은 그 자체로 하나의 작품이며, 그것은 그들의 정신적 물적 근거로서 글쓰기라는 형태의 소우주로 응집되어 있다. 즉 삶과 글은 불가분의 관계, 상호 텍스트적이다. 여기서 글쓰기란 종이 위의 그림이나 문자만을 가리키지 않는다. 허공에 외치는 고함이나 절규, 호흡하는 행위조차 우주 공간 속에 몸으로 쓴 상형문자다. 무의식의 자동적 글쓰기. 예술가는 자신이 창조한 작품으로 보다 적극적으로 세상과 소통하고 자신을 물질화한다. 매우 고통스럽게 때로는 매우 환상적으로. 따라서 그의 개인적 삶의 궤적은 그 자체로 하나의 작품이며, 그것을 읽거나 바라보는 독자와 관객은 그의 삶을 공유하는 것이

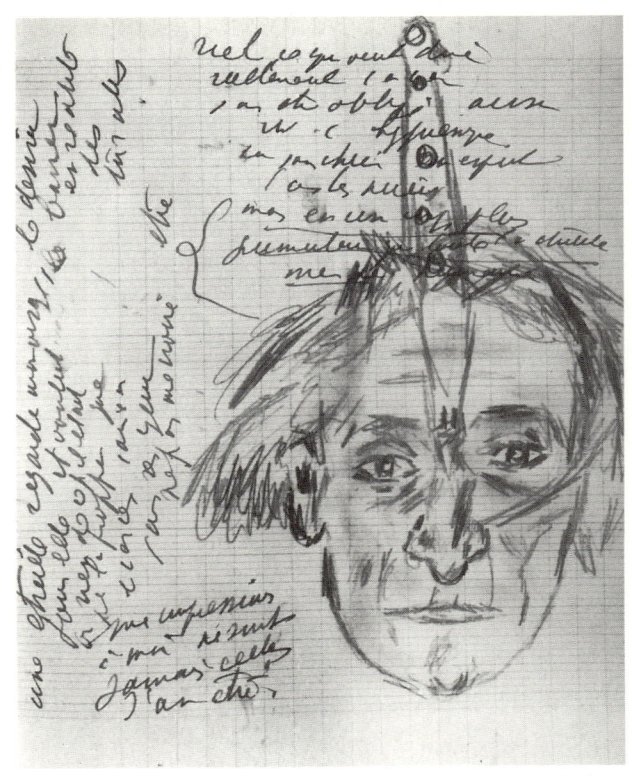

▲ 광인 아르토. 글 그림/ 아르토

다. 아르토는 그러한 예술가 부류 중 단연 독보적이다.

아르토는 하나의 상징적 존재이다. 그는 근본적으로 삶을 우주적 연극으로 간주하고 스스로 그 연극의 배우라고 여겼다. 관객-아르토가 배우-아르토의 연기를 바라보며 증언한다. "나는 나 자신의 증인이다." 이러한 생각은 아르토의 모든 작품에서 지속적으로 나타난다. 그의 행위는 재귀적 특성을 지녔다. 아르토에게 배우는 직업적 연기자로서의 연극 혹은 영화배우라는 단순한 의미가 아니라 삶의 행위자요 주체자로서의 배우인 것이다. 이 배우를 자아의 배우라고 한다. 자아의 배우는 진정한 자아를 찾기 위해 시와 초현실의 세계를 탐구하고, 연극, 영화, 신비주의와 주술 등에 몰두하며 또 다른 존재로 화신했으며, 글쓰기와 그림을 통해 무의식의 영역을 지배하려고 했다. 그러나 배우-아르토는 끝내 세상과 화해하지 못하고 결렬, 불화, 갈등, 절망하며 멕시코·아일랜드 등 오디세이의 방랑길에 오른다. 마지막으로 로데즈 정신병원에서 약물과 전기충격 치료를 받으며 육체적·정신적 고통을 벗어날 수 있는 기관 없는 육체를 꿈꾸었지만 결국 1948년 3월 4일 배우의 역할을 끝냈다. 자아의 배우, 《여기 잠들다(Ci-gît)》[1]의 저자는 자신이 공언했듯이 누워 죽지 않았다. 수도승처럼 침대 머리맡에 앉아 죽었다. 그는 죽기 얼마 전 "우리는 아직 세상에 없다"라는 글을 남겼다. '나는…'이라고 하지 않고 '우리는…'이라고 말한 것은 자아의 배우로서 그의 체험 혹은 삶이 자기만의 것이 아닌 인류 보편적인 것임을 천명하는 것이다. 이 세상의 모든 존재들이 자기와 마찬가지로 고통스러운 삶의 운명에 처해 있다는 것이다.

---

1) *Œuvres complètes*, *Tome XII*: Artaud le Môme. Ci-gît *précédé de* La Culture indienne. 《여기 잠들다(Ci-gît)》는 《아르토 르 모모(Artaud le Môme)》《인디언 문화(La Culture indienne)》와 함께 앙토냉 아르토 총서 12권에 묶여 있다.

2. 광기의 시학

1) 시적 욕망-고함

아르토에게 글쓰기는 자아의 왜곡된 분신인 타자를 몰아내는 의식(儀式)이다. 이 타자가 자신을 괴롭힌다는 것이다. 그래서 그는 끊임없이 말하고 쓰고 움직인다. 이미 태아가 자궁 밖의 세상으로 나오면서부터, 아니 자궁으로부터 분리되면서 실존의 고통은 시작되었다. 그 고통은 원초적 고함이나 절규로 증명되었고, 다시 근원으로 회귀할 때까지 말과 몸짓으로 지속적으로 표현될 것이다.

아르토의 시는 하나의 고함이다. 시는 고통을 겪은 자에게 스스로의 상황을 호소하는 방법이요, 약점이나 부조리를 드러내는 방편이다. 그의 글쓰기는 말할 수 없는 것, 포착할 수 없는 것에 경도되어 있다. 아르토가 누구인지, 그의 정신상태가 어떠한지 파악하기 전에는 글을 이해하기 힘들다. 세상에 대한 절규, 그것은 누구를, 어디를 향하고 있는 것일까. 마르세유 출신의 아르토는 열광적으로 파리의 문단에 진출하려고 노력했다. 그건 명예를 얻기 위함이 아니라 자신의 아픔을 치유하기 위함이었다. 자신의 정신적 고통, 존재론적 고뇌를 세상에 알리고 공유함으로써 거기서 벗어날 수 있다고 믿었던 것이다. 그 장소로 당시 전위예술의 중심지 파리는 최적이었다. 자기처럼 아픈 예술가들이 많았기 때문이다. 아르토는 선천성 매독을 앓았다. 그에 따른 정신적 육체적 고통은 말로 다 표현할 수 없었다. 몸의 기관들이 썩고, 정신은 부식되어

갔다. 진통을 억제하기 위해 아편을 복용했지만 약물은 이물질에 불과하다. 보다 근본적인 치유가 필요했다. 그것은 오직 한 가지 해결책, 육체를 새로 태어나게 하는 것이다. 지금의 육체를 죽이고 새로운 아르토의 탄생을 기도하는 것이다. 그것이 아르토의 "기관 없는 육체"로의 부활이다. 그 길을 가는 도정에서 글쓰기는 현실 저편의 환상세계, 몽환에 빠지는 유일한 도피처이다. 그래서 자기 안의 타자를 밖으로 밀어내는 장소로 시는 필연적이었다. 그의 시 〈고함〉이 우연히 《누벨 르뷔 프랑세즈》(1924. 9. 1.)에 실렸다. 그것은 시적인 가치 때문이 아니라 당시 편집장인 자크 리비에르와 서신교환 중에 아르토가 그 시를 인용한 덕분이었다. 리비에르는 시가 잡지에 게재될 만한 수준이 아니라고 판단하고, 그 대신 그의 편지를 실었던 것이다. 그래서 당시 프랑스 최고의 문학지들 중 하나에 아르토의 이름이 등장한다.

아르토는 편지에서 자신이 지금 '무서운 정신병'을 앓고 있으며, 사유체계가 자신을 벗어나 있다고 썼다. "전적인 부재, 진정한 상실감"을 겪고 있다는 것이다. 그는 시를 쓰면서 그러한 부재와 상실감을 극복하고자 했다. 허무를 물리칠 수 있는 시어들을 통해 영혼의 치유 가능성을 탐색하는 것이다. 그러나 세상은 냉혹했다. 그의 시는 거부당했고, 자신의 실존적 상황은 받아들여지지 않았다. 아르토는 간절히 자신의 병적 상태를 호소하며 재고를 요청했다. "여기에 내 사유의 모든 문제가 걸려 있습니다. 나로서는 내가 운문이든 산문이든 계속 사유할 수 있는 권리가 있는지 아는 것이 중요합니다."[2] 두 사람의 편지는 1923년 5월 1일부터 1924년 6월 8일까지 11차례나 지속되었다. 아르토는 영혼의 중심의 붕괴, 사고의 본질적이며 덧없는 침식에 대한 문제를 끊임없이 거론했다. 시인은 줄기차게 현실을 벗어나려고 했지만 벗어날 수 없었다. "분리할 수 없는 현실", 그것은 목적을 상실한 부조리한 삶일 뿐이다. 그래서 시인은 정확한 말, 진실한 이미지, 꼭 들어맞는 소리에 매달린다. 이것이 바로 시의 잔혹한 이성이다. 아르토가 주장하는 물질의 철학적 상태에 대한 설명과 이미지들은 이러한 무능력을 포위하고 있다. 어떻게 하면 진정한 시적 힘을 재발견할 수 있을까. 시적 언어의 혁명은 가능한가. "내가 글을 쓸 때 내가 쓰는 것 말고 다른 것은 없다. 내가 느꼈지만 말할 수 없었던 것, 내가 포착하지 못한 것들은 관념들이거나 훔친 언어로서, 나는 그것을 파괴하고 다른 것으로 대치할 것이다."[3] 한마디로 아르토만의 언어, 그 자신의 고유한 언어가 필요하며, 그것을 말하겠다는 것이다. 아르토의 독자성, 정신, 감정, 고통, 시적 성향을 설명하는 데 균열, 갈라짐, 부식, 찢어짐, 울부짖음, 떨림, 숨결 등의 말들이 자주 사용되는 것도 그런 연유다. 그러나 말 그 자체가 공허하거나 결여의 상태로 있기 때문에 감정은 언제나 훼손되기 마련이다. 그래서 아르토에게 말은 시적 영감이 끝나는 지점이 된다. 결국 아르토는 그러한 공허

---

2) *L'Ombilic des Limbes*, 《Correspondance avec Jacques Rivière》, Paris, Gallimard, 1968, pp.25~46. 아르토와 《누벨 르뷔 프랑세즈》 편집장인 자크 리비에르의 서신 왕래는 《성소의 중심(L'Ombilic des Limbes)》이란 제목으로 《신경계(Le Pèse-Neufs)》 등과 함께 묶여 출판되었다.
3) 같은 책.

감과 결핍의 상태를 극복하기 위해, 그리고 거기에 대항하여 글을 쓴다. 잔혹한 글쓰기, 조각나고 흩어지고 분산된 카오스의 글쓰기로 향하는 것이다. 앞으로 나갈 수도 물러설 수도 없는 저항과 반항의 글쓰기가 절박하다. 그러나 그의 창조적 의지는 영혼의 찌꺼기인 망상적 언어를 생산해낼 뿐이다. 말과 글의 원천으로 회귀하고자 하는 욕망은 언제나 신화적 야망으로 끝난다. "내게는 삶이 없다! 내 안의 욕망은 죽어 있다… 나는 사유할 수가 없다. 그대는 이 구렁을, 이 치열하고도 지속적인 허무를 이해하는가."[4]

◀ 저항과 반항의 글쓰기─낙서와 불로 지진 구멍들. 그림/ 아르토

---

4) 같은 책.

시는 상실과 파국으로 나아간다. 아르토의 글쓰기는 예술과 사고(思考), 시와 진실 사이의 차이를 거부한다. 그것은 고통과 허무를 고착화시킬 뿐이다. 그의 목표는 그동안 인습에 젖어 안주해온 문학의 껍질을 벗기는 일이다. 그 견고한 틀을 부수고 새로 집을 짓는 것이다. 문법은 존재하는 언어를 대변하고 있을 뿐이며, 말의 조합에 의한 담론은 영속적이지 못하다. 이제 씌어진 시와 텍스트의 미신에서 벗어나야 한다. 문법, 문자, 텍스트들을 분쇄하고 새로운 시어를 창조해야 한다. 비록 해독할 수 없는 시일지라도. 그러한 시의 언어는 중재되지 않는다. 그 자체가 물질적 존재이다. 그것은 벌거벗은 상태로 현실을 표상한다.

이제 진정한 작가라면 마땅히 텍스트 속에 안주하는 비겁함에서 벗어나야 한다. 텍스트 밖으로 나와야 한다. 문학과 결별하는 것이다. 아르토에 따르면 모든 글쓰기는 추잡하고 음탕한 짓이며 속임수에 불과하다. 책은 죽은 자의 무덤이다. 그런데 아이러니한 것은 시에서 벗어나기 위해서는, 바로 그 시 안에서, 또 그 시를 통해서만 가능하다는 점이다. 이를테면 시를 통해 시를 파괴하는 것, 언어 속에 들어가 언어를 해체하는 것이다. 끊임없이 언어를 버리고 단련시키는 작업이 요구된다. 시작(詩作)을 감행하되 그 방법은 문체, 운율, 시적 언어로의 회귀를 피해야 할 것이다. 단어를 공허하게 만들거나 돌절구로 으깨고 분쇄하는 것이 중요하다. 통사론, 문법의 해체에 의해 생겨난 헝클어진 땅에서 새싹을 기대하는 것이다! 아르토는 바벨탑 이전의 언어로 돌아가려는 꿈, 우주적 언어에 대한 꿈을 꾼다. 기관 없는 육체를 꿈꾸는 것처럼. 그것은 죽음

이후 천상의 문을 열어주는 계시자의 영혼을 부르는 마술과 같다.

2) 잔혹성의 무대

아르토의 시의 개념은 기존의 것과 다르다. 시는 다성적인 퍼포먼스라야지 단성적인 목소리가 아니다. 평면의 종이 위가 아닌 입체적 공간에 씌어진 시가 필요하다. 다성적 퍼포먼스 즉 종합예술의 이상을 추구하는 것은 연극으로 향하는 것이다. 대사를 암송했던 배우들은 마음의 운동선수로 거듭나야 한다. 그것은 감정의 유기적 근원과 사유를 물질적으로 배우의 몸을 통해 보여주는 것이다. 사고를 육화(肉化)하는 작업이 필요하다. 그 작업은 오로지 잔혹극의 배우라야 가능하다. 그는 재현의 공간이 아니라 현재의 공간에서 연기한다. 거기에 반복이란 존재하지 않는다. 무대에 앞서 다른 곳에 있을 어느 '현재'도 다시 보여주지 않는다. 누구도 두 번 살 수 없듯이, 하나의 표현은 동일한 가치를 두 번 지니지 않는다. 유일한 예술로서의 삶인 것이다. 그것이 원초적 상연이요, 바로 잔혹극이다. 그 연기자가 바로 자아의 배우이다. 그의 연기는 순수하며 이성과 심리학을 초월한다. 또한 우주적이고 형이상학적이며 인간의 총체적 지각이 포함된 차원의 것이다. 사건의 기술이나 이론과 가설에 대한 논쟁, 삶의 표면적인 재현이 아니라, 즉각적인 현실로 나타나는 행위이다. 즉각적인 정서의 표현은 서정성을 지닌다. 그것은 직접 영혼을 울린다.

인간의 육체를 금처럼 영원한 존재, 순수한 무한으로 만들 수 있을까?

그 실현은 불가능하지만 중단 없이 추구되어야 한다. 자아의 배우는 거기에 도전한다. 연극(삶)은 나와 타인의 육체적 접촉을 통해 완성된다. 육체는 배우의 도구가 아니라 예술의 대상 그 자체이다. 자신을 새로운 인간으로 창조하는 것이다. 이러한 접근방식은 기존의 예술이나 연극이론을 뛰어넘는다. 연극은 삶이며, 피와 살의 육체로 삶을 연기한다. 그래서 자아의 배우는 언제나 자신의 육체와 갈등한다. 육체는 병들고 추잡하고 음탕하다. 순수를 되찾기 위해 불결한 육체를 정화해야 한다. 육체에 불을 지펴야 한다. "불(火)과 진정한 살덩이의 도가니/ 그 속에서 뼈와 골절(骨節)과/ 사지가 짓밟혀짐으로써/ 해부학적으로 새로운 육체가 만들어진다."[5] 그 방법은 연금술처럼 격렬하고 난폭하다. 육체를 제련하는 이유는 불결함, 고통과 억압을 벗어나 우주적이고 신화적으로 존재하려는 것이다. 인간은 죽어 있거나 죽어가는 물질에 불과하다. 육체 안에서 무한을 찾아야 한다. 그러기 위해 썩어가는 병적인 몸을 정화해야 한다. 절단과 거세, 고문과 학대, 뼈와 사지를 짓밟고 으깨는 잔혹한 작업이 동원된다. 잘린 육체는 마치 금을 만드는 질료로 제공되어 화금석이 된다. 거기에서 작용과 반작용이 끊임없이 반복된다. 그리고 최후의 순간에 정신적 충만이 온다. 용광로의 거품 속에서 순수한 육체가 떠오른다. 연금술은 물질 속에서 불멸의 금을 캐내는 것이고, 연

---

5) Alfred Simon, *Les Signes et les songes*, Seuil, 1976; 알프레드 시몽, 《기호와 몽상》, 박형섭 옮김, 동문선, 1999, pp.152~153.

극은 상상의 영역 속에서 불멸의 생을 추구한다. 잔혹극은 배우, 연출가, 관객의 정신을 제련하여 그 순수성을 되찾게 한다. 무대는 연금술의 화구, 객석은 용광로, 관객은 용광로 안에서 끓는 질료인 것이다. 연출가는 배우가 불을 지피는 것을 지시하는 연금술사다. 아르토에게 연극은 연금술의 본질을 드러내는 장소이다. 연금술의 기술은 곧 연극의 기술이고, 그 한계는 곧 연극의 한계이다. 무대와 연금술의 화구는 동일하다. 그것들은 물리적이고 구체적인 계획에 따라 작동하여 정신을 움직이기 때문이다. 무대는 직접적이고 일상적인 현실이 아니라 위험한, 상징적인 현실에 대한 정신적 공간이다. 연금술은 불순물의 대립, 투쟁, 용해, 소멸을 거쳐 순수한 금을 얻고자 하고, 연극은 갈등의 대립, 투쟁,

▲ 연극, 몸짓으로 이루어진 건축물. 살이 있는 상형문자.

용해, 소멸을 거쳐 순수한 생을 얻고자 한다. 무대 위에서는 병든 몸과 세상을 치료하려는 열망으로 격랑이 일어난다. 몸짓, 잡음, 빛, 색깔, 사물들이 공간을 진동시킨다. 그것은 디오니소스의 어두운 욕망과 시바의 춤이 한데 섞여 있는 모습이다. 거기에서 끊임없이 창조, 생성, 혼돈의 거대한 관념이 펼쳐진다.

이렇듯 인간의 몸은 조직적이고 물리적으로 변할 수 있다. 육체를 새롭게 만드는 행동은 신비스럽다. 하지만 연극은 자연스럽게 이 행동을 현재화할 수 있다. 잔혹극에서 무대는 삶의 현장이며 세계는 무대다. 잔혹극은 세계의 현실 그 자체인 것이다. 이런 관점에서 배우로서의 아르토는 관객으로서의 아르토를 위해 연기한다. 자신을 아는 것, 그것은 배우로서의 자기를 아는 것이다. 여기서 배우와 관객의 대립은 사라지고 없다. 연기하는 것은 살아가는 것이고, 불가능한 일체감 속에서 자기와 합류하는 것이다. 아르토는 광기로부터 벗어나기 위해 있는 그대로의 자신을 연기하고, 연기에서 벗어나기 위해 자신이 연기하는 것 그 자체가 되었다.

미래의 연극은 삶의 재현이 아니라 삶 그 자체가 되어야 한다. 아르토는 잔혹극만이 서구연극의 전통적 의미의 한계를 해체시킬 수 있다고 보고, 그 구체적인 무대언어에 대해 말한다. 언어는 근본적으로 사고를 객관화할 수 없다. 그래서 언어는 조형적이고 활동적이며 호흡과 관련된 언어의 원천으로 복귀해야 한다. 말의 논리적이고 추론적인 특성은 억양, 호흡, 주술과 같은 물리적이고 감정적인 특성에게 자리를 내줘야 한다. 그래서 잔혹극의 언어는 의사소통의 매개물이 아니라 스스로 말할 수 있는 언어로 복귀할 것이다. 잔혹성은 도둑맞은 것을 되찾으려는 아르토적 연극언어의 특질인 것이다.

3) 광란의 캔버스

회화는 세계를 직관적으로 인식하도록 한다. 언어로 복잡하게 설명할 것을 하나의 형상으로 나타낼 수 있다. 그러나 이 자유로운 직관은 질서와 이성 저편의 지성과 합류함으로써 진정한 예술적 영감이 된다. 언어를 배워야 언어를 사용할 수 있듯이 직관적 경험도 체험되어야 활용할 수 있는 일종의 언어다.

예술은 억압되고 금지된 욕망을 언어로 찾아가는 작업이다. 그것은 마치 환상을 좇는 행위와도 같다. 그렇다면 정신병 환자로 간주되는 아르토의 경우는 어떠한가. 정신병은 화합할 수 없는 외적 지각세계와 내적 지각세계가 뒤섞여 있는 반수면 상태와 같다. 잠은 두 세계 사이의 빗장인 것이다. 이 빗장이 제거되면 언어들은 언어 이전의 카오스 상태로 돌아간다. 마치 꿈속의 흐릿한 이미지들처럼 엉켜 있다. 초현실주의의 자동기술법은 이러한 꿈의 속기록과 같다. 꿈과 현실을 구분하는 이원적 태도를 극복하고, 이 두 경험세계를 절대적으로 통합시키는 것, 즉 현실성을 성취하는 것이 중요하다. 그것은 새로운 언어를 발명하는 일이다. 아르토는 종교의식에서 사용되는 일련의 기호, 즉 신비로운 주문처럼 현실을 분해하여 새로이 조작할 수 있는 언어야말로 가장 강력한 마취제라고 생각했다. 다른 차원에 대한 경험, 자신만의 고유한 프리즘을 통해 사물을 볼 수 있는 것이다. 낯선 세계, 아르토의 광란의 이미지들은 그렇게 만들어진다.

아르토는 자신의 시에 절망했다. 시어가 사유를 담는 용기로 무능했기 때문이다. 단어는 정확한 표현을 가로막으며 표현의 지속성을 저해한다. 거기서 자아와 육체가 단절되고, 그로 인해 시적인 힘이 파편화된다. 존재는 본래 언어의 오류에 따른 희생자이다. 강렬하고 거침없는 새로운 시학이 필요하다. 그래서 그는 잔혹극을 실현하듯 광란의 데생을 실행했다. 그의 데생은 1937년과 1939년 사이의 주문(呪文)들에 빈번히 등장한다. 그것은 캔버스를 광란의 상태로 만든다. 아르토가 말에 배반당한 것처럼 캔버스 역시 아르토를 배반했다는 것이다. 그래서 데생은 표현의 힘을 해방시키기 위해 형상과 화포에 대항해 싸운다. 주문 속에서 광란의 행위는 수신자인 또 다른 화포를 겨냥한다. 불에 타고, 구멍이 뚫리고 얼룩진 종이들, 카발라의 기호들과 같은 저주를 기다리는 수신자인 것이다. 이 모든 그림들의 목표는 저주의 푸닥거리이다. 즉 공간적 형태, 원근법, 크기, 균형, 차원의 강요로부터 벗어나는 것이다. 로데즈 정신병원에서 그린 아르토의 데생은 모두 그렇게 생산되었다. 폭발하기 직전의 잠재적 형태들을 그리고, 그것들을 집어던지기 위해 문장을 삽입한 글쓰기의 데생이다. 캔버스에 던져진 남근 모습의 대포들로 무장된 것들, 관 속에 갇힌 육체들 등, 모든 기관들이 죽음의 춤을 춘다. 흩어진 몸체들은 싸움을 위한 기계 장치의 일부가 된다. 데생 속에 삽입된 글자들, 문장들, 리듬들 혹은 풍경의 요소들은 점점 독립성을 획득하는 듯하다. 화포 속의 모든 앞잡이들은 해체의 길을 걷고 있다. 아르토의 화포는 저주의 장소, 모든 악령의 장소다. "내가 그리는 것, 그것은 더 이상 종이 위에 상상력을 옮겨놓은 예술의 주제가 아니다. 그것은 더 이상 감정의 형상들이 아니다. 그것은 몸짓, 말, 문법, 대수, 총체적 카발라이다. 종이 위의 어떤 데생도 데생이 아니다…. 그것은 영기(靈氣)

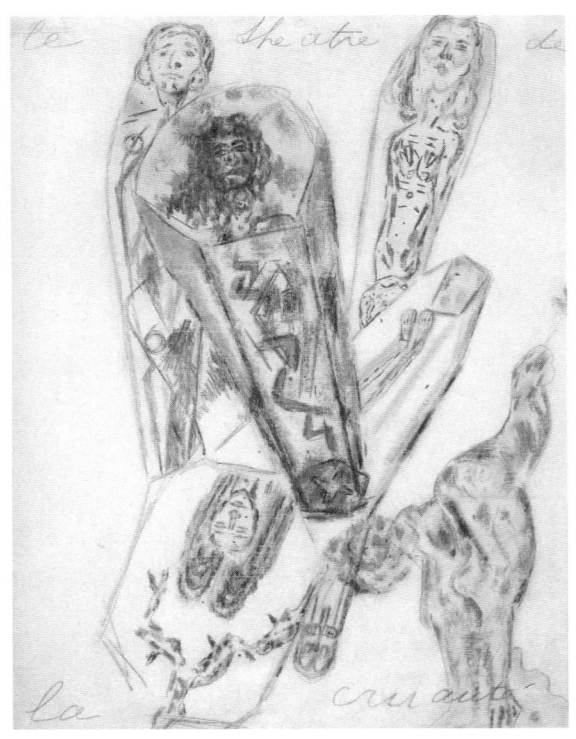

▲ 관 속에 갇힌 육체. 그림/ 아르토

를 지니고 있는 기계이다."⁶⁾

아르토는 지속적으로 순수육체, 진정한 표현을 주장하고 있지만, 무엇인가 중개하기를 멈추지 않고 있다. 육체와 그 자신의 분리, 자아와 자아의 분리, 그가 쫓아내기를 원하는 축출된 제3자가 끊임없이 복귀한다. 그것은 스스로 재생의 장소를 인정하는 것이다. 아르토는 내부의 적과 싸우는 화가처럼 작업한다. 화가는 새로운 실수를 통해 신의 실수를 정정하는 법을 배워야 한다. 그래서 사시(斜視)로 보는 전략은 서투름의 미학 속에서 또 다른 표현을 발견하도록 이끈다. 아르토 식의 데생 기법인 것이다. 그에 따르면, 지금껏 예술과 미(美)는 속박되어왔다. 신과 사회는 앞선 방식으로 예술가의 능력과 제스처를 훔치기 위해 그를 그 속에 가두고 있는 것이다. 새로운 조물주인 작가가 오류를 바로잡아야 한다. "이 데생은 의도적으로 종이 위에 던지고 날림으로 그렸다. 형태와 선을 무시한 것이다. 즉 기성의 관념을 추락시키기 위해 그것을 무시한 것이다."⁷⁾

아르토의 목적은 분명하다. 잘못 세워진 신의 서투른 이념을 파괴하려는 의도인 것이다. 아르토는 정신병원에서 나온 뒤, 얼굴 그리기에 몰두했다. 친구들 혹은 자기의 초상화에 대한 그림을 구상했다. 그는 이미 화포 위에 육체의 기관들을 끌어냈다. 이제 남은 것은 얼굴이다. 어떻게

----

6) Camille Dumoulié, *Antonin Artaud*, Seuil, p.138.
7) *Œuvres complètes*, Tome XX: Cahiers de Rodez(février-mars, 1946), p.173.

인간의 얼굴을 야만적이고 잔혹하게 그릴 것인가. 묵시록 속의 처참한 얼굴 모습, 몸에서 잘려 나간 찢어진 얼굴… 그것은 육체를 새롭게 재탄생하도록 할 수 있을 것이다. 회화가 미나 추상작용을 포기하고 아카데믹한 수법을 멀리한다면, 잔혹극과 같은 능력을 지닐 것이다.

3. 기관 없는 육체

언어는 생각을 물질로 바꾸어놓은 것이고, 육체는 정신의 물질화이다. 또한 육체는 언어처럼 정신을 구속하고 왜곡시킨다. 아르토에게 육체와 언어는 무너뜨리고 해체해야 할 대상이다. 그것들이 부패했기 때문이다. 그래서 육체에 대한 혐오와 언어에 대한 반감은 감정의 다른 두 형태라고 볼 수 있다. 자아의 배우 아르토에게 성욕이나 에로스는 부정하고 타락한 육체활동이며, 문학 역시 타락한 언어활동이라는 등식이 성립된다. 그 불결하고 병든 육체를 어떻게 치유하고 개조할 것인가?

아르토의 눈에 육체는 궤양이 있는 위, 관절염에 걸린 연골, 결석증의 콩팥, 더럽혀진 폐, 빈혈이 있는 혈액, 편두통의 뇌, 여드름 난 피부 등의 기관으로 이루어져 있으며, 의식을 차지한 채 더럽히고 곪고 냄새나게 한다. 먹고 싶은 욕망이 입을 만들고 떠들고 싶은 욕망이 혀, 깨물고 싶은 욕망이 이를 만든다. 육체는 육체로서 유일한 것이다. 기관은 육체가 아니고 그 적일 뿐이다.

아르토는 죽기 얼마 전 이런 글을 썼다. "나는 누구인가/ 나는 어디서 왔는가/ 나는 앙토냉 아르토이다/ 그가 말하는 것을 아는 것처럼 나는 그를 말한다/ 당신은 직접 현재의 내 육체를 볼 것이다/ 그것이 폭발했다가 다시 수만 개의 양상으로 다시 모이는 것을/ 당신은 새로운 육체의 나를 결코 잊지 못할 것이다."[8] 잔혹극의 최종 목표가 그렇듯이 아르토는 일평생 새로운 육체를 갈구했다. 고통에서 해방된 육체, 불멸의 육체를. 그것이 바로 그가 주장하는 기관 없는 육체이다. 그런데 기관 없는 육체로 재탄생하기 위해서는 현재의 육체를 해체해야 한다. 그래서 벽이나 경계가 없는 장소, 언제나 유폐된 삶에서 벗어나 있는 장소를 찾는다. 그것은 존재하기를 거부함으로써 존재의 밖에 있는 양상을 띤다. 이 세계 내에 있지만, 이 세계에 속해 있지 않는 것과 같다.

아르토의 기관 없는 육체는 신비주의자들의 순수한 육체, 그노시스의 영광스러운 육체, 부활해서 새로워진 육체이다. 그것은 재탄생을 위해 죽음을 관통한 육체이다. 또한 그것은 에로스와 전혀 상관이 없으며 모든 신체조직을 벗어나 있다. 아르토는 청년 시절부터 육체가 천하고 추하고 인습적이라는 생각을 했다. 육체에게 숭고함을 되돌려주어야

---

8) *Œuvres complètes, Tome XIII*: Van Gogh, le suicidé de la société. Pour en finir avec le jugement de dieu(textes, 1947). 총서 제13권에는 아르토가 말년에 쓴 《사회의 자살자 반 고흐》《신의 심판과의 결별》과 같은 뛰어난 시적 산문이 실려 있다.

한다. 그것은 아무런 목적이 없는 순수 욕망의 육체이며, 디오니소스적인 육체이다. 결국 그러한 육체는 글쓰기를 통해서만 존재할 것이고, 그 주체와 독자는 정서적 교감을 통해 합류할 수 있다. 즉 주체는 자신의

▲ 아무 목적 없는 순수 욕망의 육체. 그림/ 아르토

신체기관을 떼어낼 것이고, 독자는 율동적으로 호흡하며 읽을 것이다. 이러한 접근방식은 어떤 개념이나 정의를 통한 사유를 부정한다. 즉 개념작용을 통한 의미의 생산을 거부한다. 기관 없는 육체는 사유의 틀 밖에서 사유하며 스스로 형성된다.

이 경우 몸짓은 육체의 춤, 즉 신체기관의 춤이다. 그것을 통해 사유를 앞서 가야 한다. 개념작용이 발생하는 것을 저지하거나 물리쳐야 하는 것이다. 그것을 위한 규칙은 존재하지 않는다. 각각의 육체가 고유한 방식으로 나아가는 연기의 지배자가 된다. 그것이 주체성과 조직의 한계를 벗어날 수 있는 유일한 탈출의 수단이다. 그래서 춤은 육체적 창조의 텃밭이 되는 것이다. 그러한 춤은 발리 연극에서 볼 수 있다. 거기서 배우들은 원초적인 몸짓을 통해 몸이 만들어내는 언어 이전의 사상(思想)을 보여준다. "몸짓이 겨냥하는 사상들, 몸짓이 창조하려고 모색하는 정신 상태들, 몸짓이 제안하는 신비로운 해결책들은 조금도 지체하지 않고 직접 감흥을 일으키고 자극을 주며 영향을 미친다."[9]

기관 없는 육체는 무감동하고 무기력하게 보이지만 끊임없이 몸짓을 만들어낸다. 그 특징은 정체성(停滯性)이 아니라 역동성이며, 만족한 행복의 상태가 아니라 불안과 두려움에 떠는 상태인 것이다. 아르토의

---

9) 앙토냉 아르토, 《잔혹연극론》, 박형섭 옮김, 현대미학사, 1994, p.91. 이 책은 《연극과 그 이중(Le Théâtre et son Double)》이라는 제목으로 프랑스의 갈리마르(Gallimard) 출판사에서 1937년 2월 7일 400부 인쇄되었다.

데생을 보면 알 수 있다. 대상들은 대부분 공중에 매달려 있거나 파열되어 튕겨나가는 신체조직의 모습들이다. 박해를 당해 괴로움에 떠는 인간들, 참을 수 없는 아픔에 시달리는 모습들, 지옥에서나 볼 수 있는 형태들. 온통 음울한 색조이다. 그 그림의 선과 면은 떨고 있다. 어둠에 휩싸여 있는 캔버스는 오직 찢어진 기관들로 즐비하다. 허공에 뿌려진 피와 조각난 뼈들. 기관들의 춤은 그렇게 반복된다. 새로운 싸움이 벌어진다. 새것을 수용하기 위한 몸부림이다. 주체와 대상, 나와 타자 사이에서 육체는 분출되고 방사(放射)된다.

4. 에필로그

아르토는 천재이자 광인으로 정신병원에서 죽었다. 천재성의 발휘와 광기의 발작은 지척에 있다. 천재는 모든 사람을 닮아 있지만, 아무도 그를 닮을 수는 없다. 아르토는 비전을 지닌 자, 계시 받은 자, 예언자이다. 그는 동시대의 타자이다. 광인들의 카니발 시간이 돌아올 것이다. 타자들의 무도회는 영원히 계속된다. 그 유희가 끝날 때까지, 광기가 사라질 때까지 얼마나 많은 희생양들이 필요할까? 천재가 정신병자요 광인이라면, 이제 그는 무의미한 존재이고 사회질서의 파괴자이며 까닭도 모르고 유희를 즐기는 광대다. 그러니 신성모독을 즐기며 웃을 수밖에… 그에게 어떤 다른 해법이 있을까?

드라마는 인간과 운명에 관한 유희이다. 신이 관객인 놀이. 관객은 오직 신뿐이며 그의 말과 몸짓은 결코 유희자의 말이나 몸짓에 섞여드는 법이 없다. 오직 그의 두 눈만이 그들의 말과 몸짓을 응시할 뿐이다. 그렇다면 관객 아르토는 신인가? 신과 인간이 과연 화합할 수 있을까? 오늘날 아르토의 욕망에 부합하는 잔혹극은 존재하지 않는다. 그 역시 이 사실을 알고 있었을 것이다. "나는 다른 삶을 갈망한다." 다른 삶, 그것은 아르토의 모든 작품이 목표로 하는 것이다. 그것은 구원의 문제다. 연극(혹은 예술)이 아픈 영혼을 구원하는 묘약이 되어야 한다가 과업이다. 관객은 오직 배우가 수행하는 자기 초월의 위업을 목격하기 위해 존재할 뿐이다. 마치 아르토가 아르토를 관극하듯이.

잔혹성의 시인 아르토는 육체와 영혼의 안식처에 영원히 칩거함으로써 이승의 역사를 끝냈다. 어떤 작가들은 읽히지 않기 때문에, 원천적으로 읽기가 불가능하기 때문에 문학적 지적 고전이 된다. 아르토가 그렇다. 비명을 지르고 통제가 불가능해서 감옥이나 정신병원에 유폐된 시인들, 무절제하고 무엇에 강박되고 귀에 거슬리는 소리를 내고 같은 소리를 반복하는 작가들. 아르토는 지독하게 멀리 있는 도무지 알아들을 수 없는 목소리이고 존재이다. 아마도 그의 잔혹극은 신의 심판을 끝장내기 위한 절규요 몸부림이 아닐까. 그래서 아르토와 니체는 만난다. 신이 죽은 벌판에서, 로고스도 이성도 육체도 사라진 텅 빈 무대 위에서. ecce homo!

김참

시_기괴한 서커스 3
　　기괴한 서커스 4

산문_부산 모더니즘 시의 기원과 계보

1995년 《문학사상》으로 등단.
시집 《그림자들》 《미로여행》 등.
제5회 현대시 동인상 수상.

기괴한 서커스 3

　마을 사람들이 서커스를 보러 온다. 이미 다 알고 있는 레퍼토리지만 그래도 온다. 서커스는 예정된 시간에 시작될 것이고 예고 없이 끝날 것이다. 그건 마을 사람들도 잘 알고 있다. 어차피 이번이 처음은 아니니까. 경찰들도 피우던 담배를 끊고, 시켜 먹던 짬뽕 그릇을 내버려둔 채 헐레벌떡 현장으로 출동해야 한다는 것을 안다. 소방관들도 잠시 후 불자동차를 타고 와야 한다는 것을 안다. 어차피 이번이 처음이 아니지 않은가. 잠시 후 기괴한 서커스가 시작될 것이다. 뻔한 레퍼토리지만 마을 사람들은 구경을 온다. 야구 방망이에 맞아 죽고 불에 타 죽을 줄 알면서도 그들은 온다. 접시 돌리는 소녀가 등장하면 공연은 절정에 도달한다. 기묘한 서커스 음악이 흐르면 그녀는 녹색 치마와 셔츠를 입고 나타나 접시를 돌리기 시작할 것이다. 그리고 장내는 순식간에 아수라장이 될 것이다. 서커스는 예정된 시간에 시작될 것이고 예고 없이 끝날 것이다. 누구나 다 알고 있는 사실이지만.

기괴한 서커스 4

한동안 뉴스는 온통 서커스단 사건만 보도했다. 다른 사건도 많았는데, 왜 온통 이 사건으로 도배를 하는지 알 수는 없다. 사건이 일어난 지 한 달이 넘었지만 서커스단의 정체는 밝혀지지 않는다. 죽은 사람만 이백이 족히 될 거라는 소문이 돌았다. 서커스단 사건은 영화로도 만들어져 기괴한 서커스라는 이름표를 달고 상영되었다.

사건은 접시 돌리던 소녀의 사소한 실수에서 시작된다. 소녀가 돌리던 접시 하나가 비행접시처럼 날아가 공중그네 타던 소녀의 이마를 때린다. 소녀는 줄을 놓치고 바닥에 떨어진다. 목뼈가 부러지고 머리통이 몸에서 떨어진다. 재주 넘던 광대 하나가 소녀의 머리통에서 떨어져 나온 눈알을 밟고 미끄러진다. 관객 하나가 웃는다. 눈치 없는 관객들이 깔깔깔 웃으며 덩달아 박수를 친다. 여기저기서 휘파람 소리도 들린다. 화가 난 피에로들이 무대에서 뛰어내려와 야구 방망이를 휘두르며 관객들을 두들겨 패기 시작한다. 잠시 후 원인불명의 불이 나서 관객들과 서커스단 단원이 불에 타 죽는다. 출동한 경찰과 취재 나온 기자들 사이에 싸움이 벌어진다. 소방관들이 물대포를 쏘며 싸움을 말린다. 경찰과 기자, 싸움 구경 하던 마을 사람들이 영문도 모른 채 하나 둘 죽어나간다.

극장은 연일 관중으로 미어터졌다. 대박이었다. 동명의 서커스단도 만들어졌다. 영화 속에서 접시 돌리던 소녀가 서커스에 참여했다. 공연이 시작되면 그녀는 영화에서 입었던 녹색 옷을 입고 외발자전거를 타며 접시를 돌릴 것이다. 누구나 다 알고 있는 사실이지만 그녀가 돌리던 접시 하나가 비행접시처럼 날아가 공중그네 타는 소녀의 이마를 맞힐 것이다. 소녀의 이마에서 붉은 피가 흘러내리고 그녀의 몸이 바닥으로 툭 떨어질 것이다. 그러면 누군가 벌떡 일어나 깔깔 웃으며 박수를 칠 것이고 눈치 없는 관객들도 덩달아 환호할 것이다. 화가 난 피에로들이 야구 방망이를 들고 내려와 관객들을 개처럼 두들겨 팰 것이다. 관객들의 팔다리가 부러지고 머리통이 수박처럼 터지면 누군가 피우던 담배를 쓰레기통에 던지고 아수라장이 된 장내를 빠져나갈 것이다. 잠시 후 요란한 소리를 내며 불자동차가 달려올 것이고 경찰과 기자들도 몰려와 난장판이 벌어질 것이다. 그 사이 서커스단은 얼룩말과 사자를 트럭에 싣고 유유히 현장을 빠져나가야 한다. 그들에게 다른 선택은 없다.

부산 모더니즘 시의 기원과 계보

1. 기원, 1950~1960년대

부산 모더니즘 시의 비조가 조향이라는 사실은 재론할 필요가 없다. 조향은 1950~1960년대에 현대문학연구회, 감마(Gammas), 일요문학회 등의 동인활동을 바탕으로 부산 모더니즘 시운동을 주도했다. 이 운동에 노영란, 정영태, 이민영, 조봉제, 구연식, 안장현, 김춘방, 양병식, 권경옥, 정화식 등이 동참한다.

조향은 1917년 경남 사천에서 태어나 진주에서 청소년기를 보내고 대구사범 강습과를 졸업했다. 1940년 〈매일신보〉 신춘문예에 입선되어 등단했고 1941년부터 일본대학 상경과에서 수학하는데 이때부터 몇 년간 《일본시단》《시문학연구》 등의 일본잡지에 초현실주의 시를 발표했다. 귀국한 후에는 교사 생활을 하면서 동인지 《노만파》를 창간하고 주재했다. 그가 부산에서 활동을 시작한 것은 1947년에 동아대학교 국문과 전임강사로 발령을 받으면서부터다. 이 무렵 그는 후반기 동인으로 활동하기도 했다. 조향은 1956년에 감마(Gammas) 동인을 조직하여 동인지 《가이거(Geiger)》를 발간했고 1962년에 《일요문학》을 주재한다.

조향의 시는 다다이즘 계열의 작품들이 주를 이룬다. 이질적인 사물들을 폭력적으로 조합하는 그의 시는 과격한 모더니즘 시로 분류할 수 있다. 그런데 이 계열의 작품은 그리 성공적이지 못하다. 이는 다다이즘 자체가 지니는 한계와도 무관하지 않다. 하지만 자신의 내면을 초현실적 이미지로 표현한 시 가운데는 좋은 것들이 많다.

　　내가 자꾸만 내 안으로 기어 들어가야 하는 자줏빛 황혼 곁에서 나는 지팡이처럼 잠간 서 있다. 맥주병 속처럼 하도 어두워서 갱부(坑夫)가 하듯이 이마에다 파아란 꼬마전등을 달고 그 무수한 층층계를 나는 얼마든지 올라가보는 것인데 landing에서마다 애꾸눈이는 비둘기의 주검을 언제나 내려다보고 있고

　　천창(天窓)엔 밤의 까아만 가슴이 별의 훈장도 잃어버린 채 검은 수의(壽衣)처럼 따악 붙어 있는데 내 발목에서는 하얀 나비들이 무수히 하늘을 향해 길 떠난다. 그 까아만 밤의 가슴팍에 부딪쳐선 이윽고 참들 곱게는 진다.
　　「낙환들 꽃이 아니랴!」

　　하 아무도 날 따라와주는 기척이 없기에 돌아봤더니 내 뒤에는 검은 벽 벽벽벽벽벽벽벽 되돌아 나갈 바늘구멍 하나도 없다. 앞으로만 자꾸 가야 하는 나는 그리고 사람의 자손들은 참 슬프지도 즐겁지도 않다고 생각을 한다. 인생이란 벽이 아니었는데… 그럼요 인생이란 영영 벽이

랍니다. 어디선지 킥킥킥 웃는 소리들이 난다. 웃음은 체포영장이 아니다. 체포영장은 평화회의 곁에 살지 않는다.

    나는 무거운 흑색을 한 아름 안고 드러누워 버린다. 전등을 켜놓고 공보처장의 공한(公翰)을 마지막으로 읽고 있다. 참 슬픈 일인 것 같다. 아까부터 저렇게 창에 따악 붙어 있는 저것―도마배암처럼 징그러운 발이 네 개씩이나 돋쳤다. 무엇일까? 은회색 눈알을 두리번거리며 연방 기웃거리는 것. 검은 그림자 참 검은 그림자. 아아 나는 태양의 주소를 분실했다. 지구 위에는 지금 역시 검은 비가 놋낫 내리는 모양이다.
―조향, 〈검은 드라마〉

  초현실주의 계열로 분류할 수 있는 이 시는 1953년 3월 〈연합신문〉에 발표되었다. 이 무렵 부산은 임시수도였다. 그래서 도시적 삶과 일그러진 문명을 비판하는 모더니즘 계열의 시가 창작되기 좋은 환경을 지니고 있었다. 모더니즘 시는 도시에서 주로 꽃을 피운다. 이는 도시가 산업화와 자본주의 문명을 대표하는 곳이며 총체성을 상실한 인간들이 살아가는 소외의 장소이기 때문이다. 도시는 인간의 정신과 육체를 억누르고 도시라는 공간을 지탱하는 사물로 전락하게 한다. 인간은 이와 같은 악마적 공간인 도시에 살면서 세계와 인간이 조화를 이루는 낙원을 꿈꾸게 된다. 낙원에 대한 꿈은 자신이 살아가는 타락한 도시를 비판하거나 그 속에서 고통 받는 자신의 모습을 보여주는 데서부터 시작된다.

  조향은 이 시에서 광부처럼 이마에 파란 전등을 달고 탄광같이 어두운 자신의 내면세계로 들어가는 과정을 보여준다. 그가 그려내는 내면세계는 자신이 살았던 현실세계의 어둡고 암울한 풍경을 담아내고 있다.

  조봉제는 조향의 아우로 1926년 경남 산청에서 태어났다. 1940년대부터 창작을 시작한 것으로 알려져 있으며 1961년에는 시집《가을과 바다의 묘비명》을 출간했다. 조향과 함께 동아대학교 국문과 교수로 재직하다가 1966년 조향이 교수직을 그만둘 때 함께 사직하고 서울로 거처를 옮겼다. 조봉제는 선명한 이미지를 통해 내면세계를 그려낸 시를 주로 선보였다.

    1921년에 탄생한 金海卿은 거울속에 軟禁된 채 彼岸此岸을 매양 방황하였다 그리하여 李箱이란 엉뚱한 이름으로 鬚髥에 죽어가는 나비처럼 天亮이 올 때를 기다리며 마침내 殞命하였다 어쩜 그것은 疲困한 過去에의 參禪이었는지도 모른다.

    滿月이 刮剔되어 運命하던 淸澗에서 또는 幽界로 絡繹되던 不潔한 戰爭에서 그는 接木처럼 돋아난 팔을 휘저으며 紙碑에 기댄 채 巨大한 風雲을 封鎖하였다.

          ―조봉제, 〈李箱의 外出―스크랩에 의한 패러디〉 부분

이상의 시를 패러디한 위의 시는 시 쓰기에 대한 자의식을 드러내고 있다. 이상의 삶을 그의 작품과 관련지어 서술하고 있는 이 시는 띄어쓰기를 무시하는 1930년대 이상 시의 형식을 수용하고 있다. 이는 조봉제의 시가 초현실주의의 영향을 강하게 받고 있음을 보여준다. 조봉제는 개성적인 작품을 다수 남겼지만 한국 시사뿐 아니라 부산 시사에서도 실종된 상태로 남아 있어 아쉽다.

구연식은 조향, 조봉제와 함께 동아대 국문학과 교수를 지냈다. 그는 조향과 동향출신으로 1925년 경남 사천에서 태어나 동아대학교 국문과를 졸업한다. 조향 그룹의 일원으로 1955년부터 감마(Gammas)와 일요문학 동인으로 활동했고 1950년대부터 발표한 시를 묶어 1962년에 시집 《검은 산호의 도시》를 출간한다. 그리고 첫 시집 출간 후 23년이 지난 1985년에 두 번째 시집 《감각》을 출간한다.

1

누구도 길을 가르켜 주지 안했는데 꽃게는 열 개의 다리로 바다에서 해발 200미터의 장목면 친구 산장에 찾아왔다.

2

큰 다리라기보다는 손을 대신하는 두 개의 집게에 연지를 찍었나 여름 한낮에 핀 사르비아 꽃잎을 붙였나 너무 붉다. 그래서 꽃게라고 부르겠지만 그 오동통한 허벅지를 그렇게 수식하여 누구를 유혹할 작정

인가. 꽃게

3

향나무·소나무·히말라야시다 그늘이 진 산장 마당에 서 있는 건지 앉아 있는 건지, 너무 많은 더위를 피하여 사람을 피하여 혼자 왔는데 너는 무엇을 피하여 바다에서 산장까지 찾아왔나. 용하다

(중략)

7

꽃게. 바다로 안가면 잡아 구워 먹을까. 시집 간 딸이 딸을 낳아 그 딸이 바닷가 꽃게와 놀다가 꽃게에 물려 하루 종일 해 울음을 울더라는 투정섞인 딸 이야기와 꽃게에 물린 바다는 안가겠다고 또 울더라는 이야기. 꽃게는 바다로 가버렸다. 이 딸아이도 바다 건너 가버렸다.

—구연식, 〈꽃게〉 부분

위의 시는 《감각》에 수록된 시다. 화자는 산장까지 기어 올라온 꽃게를 보며 딸과 손녀를 생각하고, 바다 건너 가버린 딸을 그리워한다. 이미지와 서사가 안정적이기 때문에 과격한 모더니즘 시와는 거리가 멀다. 구연식의 시 중에는 초현실주의의 영향을 받은 작품이 있긴 하지만 위의 시처럼 이미지가 선명하며, 시 전체의 내용을 일정한 서사에 맞춰

짜나가는 것들이 많다. 그의 시는 내면의식의 전달에만 주력하는 것이 아니라 외부세계에 대한 서술을 병행하고 있다. 따라서 그의 시는 조향, 조봉제의 시에 비해 선명하고 밝은 느낌을 준다. 이는 구연식이 균형 잡힌 세계를 그려내는 데 주력하고 있기 때문인 것으로 보인다.

노영란은 초창기 부산 모더니즘 시단의 홍일점이다. 1924년 경남 함양에서 태어났으며, 본명은 현(賢)이다. 일본에서 공부를 했고 귀국 후 진주여고에서 교편을 잡는다. 그녀는 1947년 진주 시인협회 동인지에 시를 발표하면서 활동을 시작했다. 1950년대부터 부산에서 머물면서 조향이 주재한 현대문학연구회 멤버로 활동한다. 평생 독신으로 지내며 세 권의 시집을 남기고 1991년 서울의 친척집에서 타계했다. 그녀가 부산에서 활동하면서 간행한 시집으로는 《화려한 좌표》(1953)와 《흑보석》(1959)이 있다.

그건 천국의 문이겠다? 한 짝에 새겨진 우미(優美)한 천사와 한 짝에 새겨진 맹폭(猛暴)한 스핑크스의 조상(彫像)이 고즈너기 나의 눈 속으로 행진해 온다.

죄를 다(計)는 저울이 자꾸만 치우치는 오후에 사람들은 항시 장미 같은 변명을 작곡했다.

작곡 안에서 내가 살고 작곡 안에서 내가 걸어가고 영혼은 차라리 부엉이처럼 의식의 낮에 눈멀고 의식의 밤에 부스스 눈을 떴다.

영혼이 부엉이 눈처럼 하고 있을 제 신들은 간사한 사람들과 동서(同棲)하기 시작한다. 꼭 궤짝 같은 방안에서 작곡을 늘어놓고 훈장을 가슴에 단 사람들이 동서하는 방안에 나는 옴싹 못할 그 방의 문풍지가 된다. 그 문풍지, 내게 신이 송가를 강요하고 또 하나의 다른 내게 광란하는 처녀가 되란다.

그건 천국의 문이겠다? 한 짝에 새겨진 맹폭한 스핑크스의 조상(彫像)과 한 짝에 새겨진 우미한 천사가 고즈너기 나의 눈 속으로 행진해오는 오후, 그렇지, 죄저울이 자꾸만 치우치는 오후에 신과 사람이 동서하는 방안에 나는 그 방의 문풍지. 나가지도 들어가지도 못하는—

나는 연달아 장미 같은 변명을 작곡해야만 된다. 그때 죽음의 그림자는 마치 나를 무서워하는 것 같다. 나는 죽음의 그림자에 승리한다고 미소해본다.

내 생명을 건 작곡 속에 내가 지금 연달아 파묻히면서—

—노영란,〈작곡〉

위의 시는 두 번째 시집《흑보석》에 수록된 것이다. 이 시에서 시인은 시 쓰기를 작곡에 비유하고 있다. 시작 행위는 장미 같은 변명을 만들어내는 것, 즉 삶에 대한 아름다운 변명이 되는 셈이다. 신은 화자에게 광란하는 처녀가 되기를 요구하기도 하고 자신에 대한 송가를 쓰기를 강요하기도 한다. 그렇기 때문에 화자는 시 쓰기가 죽음을 극복하는 행위라고 이야기하고 있다. 노영란은 1연과 5연에서 반복과 변주의 수법을 사용하고 있다. 시의 제목 〈작곡〉과 관련하여 생각해보면, 주제가 반복되는 음악의 형식을 빌려온 것으로 보인다. 천사라든지 스핑크스, 장미 같은 이미지는 시인의 서구 취향을 보여준다. 현대인의 불안한 내면세계를 표현한 이 시는 노영란의 초현실적 시세계를 잘 보여준다.

한편 1950~1960년대 부산에는 조향이 주도하던 실험적 모더니즘 그룹과는 달리 온건한 모더니즘 시를 쓰는 시인들도 있었다. 이 시인들은 조향 그룹이 보여준 분명한 태도와 달리, 도시적 서정, 전통 서정, 모더니즘 계열의 작품을 동시에 보여주었다. 박철석, 하연승, 조영서 그리고 현대시 동인으로 활동했던 허만하, 김규태, 이수익 등이 대표적인 시인이다. 이들의 시는 조향 그룹이 보여주었던 아방가르드 성향과는 일정한 거리를 지니고 있다. 지면 관계상 이들의 시를 모두 다루기는 어려우므로, 여기서는 이들을 대표해서 허만하의 시를 살펴보려고 한다.

허만하는 1932년 대구에서 태어났다. 1956년 《문학예술》에 시를 발표하면서 등단했다. 고신대 의과대학 교수를 지내는 동안은 과작을 하다가 1990년대에 들어와서 의욕적인 창작 활동을 재개했다. 허만하의 시는 풍경에 대한 탐구와 형이상학적 사유를 바탕으로 하고 있다. 〈동점역〉〈데드마스크〉 같은 시가 이와 같은 특성을 각각 대표한다. 이와 같은 허만하 시의 특성은 인간과 세계에 대한 탐구를 하는 최근의 시에서도 지속된다. 허만하의 시에는 전통주의적 요소 또한 강하다. 풍경을 그려내는 그의 시는 마치 동양화를 보는 듯한 느낌을 준다. 그의 시에서 대상을 바라보는 주체의 시선은 정지용의 후기 산수시에 나타난 그것과 흡사하다. 시적 주체는 풍경 속에 동화된 인물이라는 점에서 그의 시는 1940년대 정지용의 시처럼 모더니즘의 감각적 대상인식을 넘어서 있는 것처럼 보인다.

계엄령을 선포한 그는 적을 만나기 위하여 거리에 나섰다. 눈부신 광장에 선인장처럼 서 있는 그는 얼굴이 없다. 검지 끝으로 모자챙을 가볍게 밀어올릴 때까지 장군의 얼굴은 어둠이다. 장군의 부인이 침실 문을 닫는 순간 권총소리보다 먼저 대령의 아들이 앞으로 거꾸러졌다. 그 청년이 가슴을 움켜잡지 못했던 것은 두 손이 말뚝 뒤에 묶여 있었기 때문이다. 동시에 음산한 시멘트벽에 붙어 서 있던 청바지 젊은이가 잠시 하늘에 떠오르는 동작을 보이고 나서 비명도 없이 왈칵 앞으로 무릎을 꿇었다.

벽이 조용히 피를 흘리기 시작했다. 붉은 실뱀은 천천히 벽을 타고 내려 마룻바닥을 가로질러 문짝 뒤에 쌓아둔 빈 책상과 의자의 바리케이드를 지나 길을 건너 분수대를 한 바퀴 돌고 교회당 문짝 틈으로 사라졌다. 길바닥을 따라 가축 똥오줌 냄새와 치자꽃 강렬한 향기가 흠뻑

지에 섞여 누런 안개처럼 흐르는 정오였다. 갈대와 진흙으로 지은 집이 부슬부슬 바스러지고 강바닥 흰 돌 위에서 검은 도마뱀이 한 마리 눈부신 열에 녹아내리고 있었다. 금빛 머리칼을 흔들며 징은 지겹게도 하늘에서 뜨거운 동심원을 그리고 있었다.

 토담처럼 건조한 나의 인후는 나도 모르게 바다! 라고 외쳐버렸다. 오, 인디오! 라고 말하고 싶었는데 나는 더위를 먹었었다. 그것은 홰치는 수탉 울음소리가 아니라 네모진 액자 안에 갇혀 있는 소녀의 고함이었다. 벽에 걸려 있는 석판화는 두 손으로 귀를 싸안고 있는 긴 머리칼 소녀의 불안한 원피스였다. 빠져나간 소녀의 알몸은 거리에서 원피스에 붙어 있는 붉은 아편 꽃잎을 뜯어 발레 춤을 추면서 하늘에 뿌리고 있었다. 공교롭게도 대령의 처형된 아들이 반정부 비밀문서를 뿌리던 현장이었다.
　　　　　　　　　　—허만하, 〈가뭄 든 마콘도 마을 소식〉

 허만하의 시 가운데는 위의 작품처럼 강한 실험의식을 드러내는 것도 있다. 마르케스의 소설과 상호 텍스트성을 보이는 이 시는 1990년대 후반에 발표되었다. 이른바 소설과 시가 상호-텍스트적 관계에 있는 메타-텍스트시에 해당한다. 허만하는 청년시절에 한국전쟁을 체험한 세대이다. 이 시는 마르케스의 소설에 나타난 한 장면을 변주한 것이지만 시인의 전쟁체험을 내면화하고 있다고 생각된다.

허만하의 시나 산문에는 전쟁에 대해 언급하고 있는 것들이 있다. 그 이야기들은 대부분 길게 이어지지 않지만 그의 시를 이해하는 데 적지 않은 도움이 된다. 전쟁체험은 허만하의 작품에서 지워지지 않는 얼룩처럼 남아 있는 듯하다. 이는 마콘도 마을에서 일어난 사건처럼 폭력적인 시대를 지나왔던 그의 삶과 동떨어진 것은 아닐 것이다.

2. 제2세대, 1970~1980년대

1970~1980년대에 부산에서 모더니즘 시를 선보인 시인으로는 하현식, 박청륭, 최휘웅, 차한수, 이윤택, 강유정, 조의홍, 진경옥, 정영태, 이정주 등을 들 수 있다. 이 가운데 박청륭, 최휘웅, 이정주는 1960년대 조향 그룹이 보여주었던 실험성이 강한 작품을 주로 발표했다. 이들 가운데 전위적인 시를 선보이며 부산 모더니즘 시단의 견인차 역할을 했던 인물은 박청륭이다.

박청륭은 부산의 모더니즘 시사에서 무척 중요한 시인으로 조향 이후 가장 실험적인 시를 발표한다. 박청륭은 1937년 일본 경도에서 태어났다. 계명대학교 교육학과를 졸업하고 부산에서 오랫동안 교사생활을 했다. 1975년 《현대문학》으로 등단한 이후 《불의 가면》 《제7미사》 등 8권의 시집을 간행했다. 그는 1990년대 후반에 정영태 등과 함께 모더니즘에 바탕을 둔 모더니즘 시 그룹 '시 21'을 주도하기도 했다.

Ⅰ

그도 반 컵밖에 남지 않은 포도주에 피가 섞여 있었다. 몇 조각 남지 않은 빵도 썩어 벌레가 기어다니고 있었다. 나는 강복(降福)하고 손가락에 포도주를 묻혀 모두 늘어져 누운 지하실로 내려갔다. 뼈만 남은 아이들은 입도 겨우 뗐다가 다물었다. 눈도 뜨지 못한 노파들의 무거운 입술에 적셨다.

성부와,

성자와,

성신의,

이름으로 다시 빵을 들고 강복했다. 처녀 하나가 울음을 삼켰다. 청년은 그의 앙상한 뼈로 머리를 쓰다듬었다. 눈물이 뜨겁게 바닥에 떨어졌다. 한동안 눈물은 별빛처럼 반짝이다 자취조차 사라졌다. 사라진 눈물처럼 얼마 동안 쓴 빵조각이 입 속에서 녹아 내렸다.

이튿날 아침, 글라비체 경시청 직원이 지하실 밖으로 빨간 루주, 핏자국이 남은 여러 구의 시체를 실어내고 있었다.

Ⅱ

촛불 하나씩 끄고 있는

사나이들의 손마저 녹는다.

녹은 손들이 풀려가는

붉은 안개 속

염소머리 하나씩 든

거세된 소년들이 서 있다.

얼굴 가린 여자들의 검은 머리칼

한가닥 바람에 이어

여러 마리의 박쥐들이

불을 이끌고 지나간다.

거세된 소년들은

안개 속에 서서히 지워지고 있다.

Ⅲ

칼로 성호를 긋는다

토막난 얼굴들이 바닥에 떨어진다.

벽엔

털이 무성한 동체(胴體)만 서 있다.

하얀 접시에 흘러드는

뇌질(腦質),

복면 쓴 사제들은

한 점씩 들고 강복한다.

온몸에 피가 흐르는

여자들은 계속 강복한다.

강복하는 사제들의 복면을 벗기면

얼굴이 없다.

털이 무성한 시체들은

그들 머리 하나씩 들고 서 있다.

—박청륭, 〈제7미사〉 부분

시집 《제7미사》에 수록된 동명의 작품이다. 이 시는 총 7개의 부분으로 구성되어 있는데, 인용한 부분은 그 가운데 일부다. 인용한 부분을 통해 알 수 있는 것처럼 박청륭은 그로테스크하고 환상적인 시를 선보였다. 피가 섞인 포도주, 벌레가 기어다니는 썩은 빵, 뼈만 남은 아이들과 청년들, 눈도 뜨지 못하는 노파들이 늘어져 누워 있는 지하실, 경시청 직원이 지하실에서 시체를 실어내는 모습 등을 통해 박청륭은 우리 시에서는 보기 어려운 낯설고 비극적인 장면들을 보여준다. Ⅲ에서 그 강도가 더 짙어져 칼에 의해 토막난 얼굴, 접시에 담긴 뇌질을 먹는 악마주의적인 장면이 제시되기도 한다. 박청륭이 이처럼 그로테스크한 시를 쓴 이유는 '시인의 말'을 통해서 짐작할 수 있다. 그는 자신의 시가 한국 시에 대한 회의, 특히 언어파에 속해 있는 미학주의의 작품들이 추구하고 있는 허무주의에 대한 회의에서 비롯된 것이라고 이야기한다. 그는 허무의식을 초극한 미의식을 창조하기 위해 입체적인 조형성을 강조하고, 서정성을 배제한 드라이한 언어를 채택했으며, 의미가 배제된 메타포를 사용했다. 따라서 그의 시에는 감정이 절제되고 분위기나 상황만이 제시된다. 박청륭은 이러한 시작법을 통해 현대사회의 비극적인 모습과 폭력으로 고통 받는 현대인들의 삶을 그려내었다.

　최휘웅은 1944년 충남 예산에서 태어났다. 1975년《시와 의식》을 통해 작품 활동을 시작했으며 같은 해 합동시집《절대공간》에 참여한다. 시집으로는《환상도시》《하얀 얼음의 도시》《설화, 사막의 도시》가 있다. 최휘웅은 동아대학교 국문과 재학 당시 조향의 강의를 들었다. 그래서 그의 시에는 조향의 영향이 강하게 나타난다. 그는 문명비판적인 내용을 담은 시를 주로 선보이고 있으며, 데페이즈망이나 몽타주와 같은 기법을 즐겨 사용한다. 또 그의 시에서는 내면의식을 자동기술에 의해 드러내는 방법도 흔히 발견된다.

　바다 위를 걸어 다니는 검은 팔뚝이 있었다. 열심히 수심 깊이에서 고기비늘을 건져 올리는 힘센 팔뚝이 있었다. 니그로의 우람한 어깨가 하늘을 눌렀다. 달빛마저 그물에 걸려 신음하는 그런 밤에 병사의 충혈된 눈이 사방으로 번지듯 검은 팔뚝은 바다의 구석구석을 헤맸다. 총 끝에 서린 안개처럼 막막한 세상이 커튼 바로 뒤에서 몸을 떤다. 여자의 입에서 새어나오는 검은 비명. 갑자기 파도가 옷자락을 펄럭이며 덮쳐 온다. 시간도 잠시 숨을 멈춘다. 하얀 포말이 우박처럼 떨어진다. 맨살 위에서 하얀 눈이 살짝 눈을 흘겼다. 그 뒤로 검은 팔뚝이 흰 이를 드러낸다. 웃음이 번졌다. 그러자 사방에서 소름이 돋아 돌기둥이 서고, 고층빌딩이 솟아서 갑자기 어둠이 되었다. 어둠의 해일 뒤에서 검은 팔뚝의 흰 이는 날카롭게 빛났다. 한참 신이 나서 파도처럼 밀려오는 어둠 위를 달렸다. 그리고 기슭에서 곤히 잠이 들었다. 잠의 틈새로 들어가서 어둠의 면사포를 쓴 신부가 되었다. 캄캄한 무덤의 품안에서 우람한 검은 팔뚝은 아주 작은 예쁜 목각 인형이 되었다.

—최휘웅, 〈說話 13—인형의 전설〉

이 시는 2001년에 간행된 시집 《설화, 사막의 도시》에 수록된 것으로 1970년대부터 진행되어온 그의 시적 관심사가 여전히 현재 진행형임을 보여준다. 그는 첫 시집 《환상도시》의 서문에서 그의 시 작업의 출발점이 언어에 대한 관심에서부터 비롯되었고, 이는 다시 초현실적 이미지를 구축하는 데 몰두하게 하는 계기가 되었다고 이야기한다. 그가 환상적 세계를 그려내는 것은 현실의 멍에에서 벗어나 자유를 추구하기 위한 것이다. 위의 시는 검은 팔뚝이 목각 인형으로 변하는 과정을 그려내고 있으며, 그 과정에서 몽환적이고 초현실적인 오브제들이 동원된다. 그래서 이 시는 악몽을 언어로 재현한 것처럼 읽히기도 한다. 이처럼 최휘웅은 몽상과 꿈을 자동기술의 방법으로 비가시의 세계를 재현해내는 데 주력하고 있다.

이정주는 1953년 김해 한림에서 태어났다. 1982년 《현대문학》을 통해 등단했으며 《행복한 그림자》《문 밖에 계시는 아버지》《의심하고 있구나》《홍등》 같은 시집을 간행했다. 활동 초기에 부산에서 간행된 무크지 《전망》《지평》에 주로 시를 발표했고 《외국문학》 편집장으로 일하기도 했다. 그는 1980년대에 활동한 보기 드문 기교파 시인이었지만 지닌 바 시적 역량에 비해 충분히 평가를 받지 못했다. 그는 초기작부터 초현실주의적 기법을 즐겨 사용했다. 사람들이 족자의 그림 속으로 들어가는 반사실주의적 사건을 보여주는 아래의 시는 당시의 한국 시에서는 보기 드문 것이다.

> 족자 속에 개구리 여러 마리 들어 있다. 족자 속에 풀비를 든 주인의 딸년이 들어 있다. 와이샤쓰 바람의 주인이 족자 속으로 걸어 들어가면서 나에게 따라오라고 손짓한다. 나는 족자 속으로 들어간다. 개구리들은 네 폭 병풍 속으로 도망간다. 영산홍 바글바글 피어오르고 개구리들은 영산홍 아래 숨어 있다. 주인의 딸년은 열심히 풀 비질을 한다. 마른 개구리 한 마리씩 뜯어내며 주인의 딸년이 영산홍 아래로 숨는다. 풀비를 주워 들고 주인이 풀 비질을 한다. 영산홍은 이제 끝났어. 마른 영산홍 한 포기씩 뽑아내며 주인은 땀을 닦는다. 주인의 딸년은 萬逕人蹤滅 눈 속으로 숨어버린다. 나는 젖 먹은 힘을 다해 족자에서 뛰쳐나온다. 풀비를 든 주인은 설경 속에서 딸년을 찾고 있다.
>
> ―이정주, 〈簇子·1〉

나는 다시 족자 속으로 들어갔다. 족자 속은 모조리 비어 있었고 병풍 속도 비어 있었다. 벽이 부서지며 주인이 딸년의 머리채를 끌고 들어왔다. 이년이 하, 그 눈 속에서 바위하고 붙어 있지 않겠어. 나는 주인의 손을 풀려고 했다. 왜 이래 자네. 주인은 딸년의 머리채를 놓지 않았다. 나는 주먹으로 주인의 턱을 쥐어박았다. 주인은 병풍 속에 처박혀 버렸다. 주인의 딸년이 고개를 들어 내게 침을 뱉었다. 누굴 때려 이 새끼야. 나는 그 여자의 머리채를 휘어잡아서 병풍 속에 던져 넣었다. 그리고 병풍 위에 풀 비질을 했다.

—이정주,〈簇子·2〉

〈족자(簇子)〉 연작은 이정주의 첫 시집에 수록된 재미있는 시다. 족자 속에 주인의 딸이 있다. 주인은 족자 속으로 들어가면서 나에게 따라오라고 손짓을 한다. 주인과 내가 그림 속으로 들어가면서 비현실적인 상황이 벌어진다. 주인의 딸이 눈 속으로 숨고 나는 그림 밖으로 뛰쳐나온다. 주인은 눈 속에서 딸을 찾는다. 두 번째 시에서 나는 다시 족자 속으로 들어간다. 그리고 주인과 그의 딸, 그리고 나 사이에서 예측하기 힘든 아이러니컬한 사건이 펼쳐진다. 주인이 딸의 머리채를 휘어잡고 내가 주먹으로 주인의 턱을 쥐어박고 주인이 병풍 속에 처박히고 주인의 딸이 나에게 침을 뱉으며 욕을 하고 내가 딸을 병풍 속으로 던져 넣고 그 위에 풀 비질을 하는 일련의 사건들은 무척이나 우스꽝스럽게 전개된다. 이정주가 보여주는 이런 시적 기법은 웃음을 유발하게 하는 경쾌함을 지니고 있다. 이러한 경쾌한 위트는 한국 시에서 좀처럼 발견하기 어려운 것으로, 1990년대에 와서야 본격적으로 나타나게 된다.

1970~1980년대에 박청륭, 최휘웅, 이정주로 대표되는 시인들이 보여준 소수의 실험적인 시들이 부산 모더니즘 시의 좁은 영역을 이루는 데

반해, 상당수의 시인들은 이미지즘 계열의 시나 모던하지만 사실적 성향을 담은 시를 선보인다. 이런 성향의 시를 발표한 시인들은 적지 않지만 하현식, 차한수, 강유정, 이윤택, 정영태 등을 대표적인 시인으로 들 수 있다.

하현식은 1938년 경남 창녕에서 태어났다. 서라벌 예대 문창과를 졸업하고 1967년부터 브니엘 고등학교 교사생활을 하면서 부산과 인연을 맺는다. 그는 1976년《현대시학》을 통해 등단하기 전부터 작품 활동을 했다. 1973년에 시집《브니엘 일기》를 1975년에는 공동시집《절대공간》을 출간한 바 있다. 이 외에도《암장》《모딜리아니의 노을》등 다수의 시집이 있다.

    르네 마그리트의 〈强姦〉을 보았다.
    마르지 않은 시체에서
    김이 나고 있었다
    몇 개의 털이 잘리고
    돌핀호는 150마일 시속으로 달렸다.
    고아원 뜨락에서
    어린 풀들도 자라다 죽고
    눈 어두운 밤개가
    너댓 번 짖다가 그쳤다.
    못질한 관 속에서

죽은 자의 흰 팔뚝이 되살아났다.
下弦달은 핏빛으로 젖어 있었다.
눈도 코도 잃어버린 얼굴
어지러운 눈자위가
더욱 어지러웠다.

—하현식, 〈亂視〉

    이 시는 초현실주의 화가 르네 마그리트의 그림 〈강간〉을 본 이야기로 시작된다. 여성의 눈을 젖가슴으로, 코를 배꼽으로, 입을 성기로 표현한 마그리트의 상상력은 기발하다. 이 시도 마그리트의 그림처럼 기발하게 전개된다. 시인의 상상력은 마그리트의 그림에서, 시체, 돌핀호, 고아원 뜨락의 풀, 밤에 짖는 개, 관 속의 시체 이미지로 변해가는데, 이 상상력의 연쇄는 매우 이질적이고 폭력적으로 보인다. 마지막에서 시인은 다시 마그리트의 그림에 대한 생각을 표현한다. 그런데 흥미로운 것은 시의 제목이다. 시의 내용과 이렇게까지 잘 어울리는 제목을 생각해낸 시인의 발상이 놀랍다.

    1980년대에 부산 시단에는 동인 활동이 활발히 이루어졌다. 이 가운데 '열린시' 동인으로 활동한 강유정과 이윤택은 도시 문명과 자본주의적 삶의 어두운 측면을 들여다보는 작품을 선보였다. 이들의 시는 모더니즘에 바탕을 두고 있지만, 짙은 서정성을 지니고 있다. 따라서 이들의 시는 실험성이 강한 부산 모더니즘 시의 주류와는 다소 거리가 있다.

강유정의 본명은 강선학이다. 그는 1976년 《현대문학》을 통해 등단한 이후 시집 《푸른 삼각형》과 《네 속의 나 같은 칼날》을 간행했다. 강유정은 시는 매우 회화적인데, 이는 미술평론가로 활동하고 있는 그의 경력과 관계를 지니고 있다.

> 언제나 비듬 같은 구름이 하늘을 덮고 있는 언덕 위의 판잣집을 지나왔는데 그날은 내가 언덕을 내려올 때 아지랑이가 피어올랐다. 그리고 그녀의 고함소리와 그녀의 남편이 무언가 집어던져 깨어지는 소리가 함께 들렸다. 제비꽃이 길가에 가득 피어 있는 즐거움을 가지고 길을 내려왔다. 그녀의 남편은 신경통이 생기고 나서부터 그 성격이 괴팍해져서 누구나 가까이할 수 없었다. 그는 지독한 신경통과 함께 세 살배기 잃어버린 딸을 기억해냈다. 그리고 그 딸이 이제 스물이나 넘은 처녀가 되어 자기를 보러 올 것이라고 했다. 그러나 남편의 그런 이야기가 나올 때마다 그녀는 입에 거품을 물고 네놈의 죄지, 네놈의 죄라고 하면서 엉겨붙었다. 묘하게도 제비꽃이 흐드러지게 피어 있는 그 언덕의 판잣집은 언제나 양재기나 그런 유의 물건이 부딪치는 소리가 끊일 날이 없었다. 언덕의 서편으로 자작나무와 가문비나무가 드문드문 자리를 차지하고 있었고 그녀의 남편은 가끔 신경통의 다리를 질질 끌며 언덕 아래 하늘을 덮은 제비꽃을 내려다보다가 가래를 돋우곤 하였다.
>
> ―강유정, 〈붉은 비 1〉

이 시는 《네 속의 나 같은 칼날》에 수록된 〈붉은 비〉 연작 15편 가운데 첫 번째 작품이다. 시인은 구름이 하늘을 덮고 있는 언덕 위의 판잣집에서 벌어지는 남편과 아내의 싸움을 그려내고 있다. 집에서는 싸움은 끊어지지 않는다. 여자의 고함소리와 남자가 물건을 집어던지는 소리, 양재기 같은 물건이 부딪치는 소리들이 끊임없이 들려온다. 그런데 그 집을 둘러싼 풍경은 무척 아름답다. 제비꽃과 자작나무 가문비나무와 같은 식물들과 어우러진 판잣집은 한 편의 그림처럼 보인다. 이 시에서는 이런 부조화가 무척 인상적이다. 강유정의 시는 초기에 보여주었던 간결한 이미지즘의 세계를 뛰어넘어 위의 시와 같이 기묘한 아름다움과 울림을 지닌 시로 변모해 나간다.

이윤택은 1952년 부산에서 태어났다. 1979년 《현대시학》으로 등단한 이후 《시민》《춤꾼 이야기》《막연한 기대와 몽상에 대한 반역》《밥의 사랑》 같은 시집을 선보였다. 그는 일찍부터 연극에 관심을 가져서 1970년대 초에 부산에서 소극장운동을 했다. 이후에는 우체국 직원, 한전 사원, 한일합섬 견습기사, 부산일보 기자, 문학평론가, 연극연출가, 소극장 운영 등의 문화 방면에서 다양한 일을 했고 지금은 밀양에서 연극촌을 운영하고 있다. 그는 1980년부터 강영환, 박태일, 엄국현, 강유정 등과 함께 열린시 동인으로 활동하면서 도시적 삶을 비판적으로 그려내는 작품들을 주로 선보였다.

눈을 뜨니 낯선 방이다. 엊저녁 집으로 향한다고 분명 42번 버스를 탔는데 여기는 도대체 어디인지? 칸칸이 금 그어져 구획정리된 아파트 방구석에 뉘어져 있다 문이 반짝 열리고 너댓 살 먹은 여식애가 총총걸음 다가와 아빠 소리치며 내 코를 문다 뒤따라 갓 삼십을 넘긴 듯한 여자가 달려 들어와 사납게 이불을 젖혔다 머리맡에 놓인 스테인레스 물주전자와 나를 곁눈질하며 연신 킬킬대는 14인치 티뷔까지 어디 하나 낯설지 않은 게 없다 도대체 여기는 어디인가? 눈 밑에 까만 사마귀가 볼상 사납게 찍힌 저 여자는 무슨 권리로 내 팔을 끌어당겨 세면장 속에 처넣는가

—이윤택, 〈가출〉 부분

위의 시는 방향성을 잃은 도시인의 삶을 그려내고 있다. 화자는 엊저녁에 버스를 타고 집에 왔지만 아침에 눈을 뜨니 낯선 방에 있다. 모르는 계집아이가 다가와 아빠라고 소리치고 삼십을 넘긴 듯한 여자가 사납게 이불을 젖힌다. 머리맡의 물주전자와 14인치 TV까지 낯설지 않은 게 없는 곳이 바로 그의 집이다. 이처럼 시인이 그려내는 시적 정황은 한편의 부조리극을 떠올리게 한다. 화자가 부딪히는 현실은 꿈과 같은 것이다.

이윤택은 시인이지만 문화운동가라는 이름이 더 어울린다. 그는 1990년대 초반까지 시작을 하다가 이후에는 연극 분야로 활동 영역을 옮겨간다. 서울 생활을 청산하고 다시 부산에 내려와 광안리에서 소극장을 운영하며, 문화잡지 《게릴라》를 발행하기도 한다. 이 잡지는 문화

운동가로서의 이윤택의 면모를 여실히 보여준다.

 정영태는 1949년 부산에서 태어났다. 1985년 《시문학》으로 등단한 이후 《결국 우리는 아픈 침묵 속에》《형틀 위의 잠》 등 일곱 권의 시집을 남겼다. 정영태의 시는 일곱 권의 시집을 내는 동안 조금씩 변화해왔지만 대체로 인간과 문명에 대한 사유를 시적 상상력의 토대로 삼고 있다. 이런 사유가 심화되어 후기 시에서는 종말론과 천년왕국적 상상력이 나타나기도 한다.

  멸망한 혹성의 들판에서
  한 젊은 남녀가
  맨발로 가을 이삭을 줍고 있었다
  발이 시린 저녁
  늙은 지구는
  생쥐 몇 마리를 품에 안고
  창세기를 읽어주며 잠재우고 있었다

  겨울 눈이 내렸다
  인간이 사라진 마을에서
  그들 남녀는
  옛날의 추억에 잠기곤 하였다
  슈퍼마켓의 식품들과

백화점의 상품들이
지상에 다시 나타날 것을 믿고 있었다

그래서 봄은 다시 오고
인간보다 대지가 먼저 잠깨었다
우주의 무진장한 산소와 수소가
봄비를 준비하고 있었다

동화 속의 어린 왕자가
딴 혹성에서 샘을 몰고 와
사막에다 방목을 시키려고 풀어 놓았다
별자리의 물뱀이 내려와
지상의 샘물을 맛보고 있었다
인간과 싸우지 않으려고
인간의 여자를 유혹하지 않겠다는 표시로
제 암컷도 데리고 있었다

멸망한 혹성의 들판에서
그때의 젊은 남녀가
트랙터로 보리와 밀을 갈고 있었다
또 한 번의 멸망을 두려워하지 않고

그 혹성은 다시 아름다워지고 있었다

—정영태, 〈우주관측簇子 · 12〉

정영태는 위의 시에서 멸망 후의 지구에서 사는 남녀의 삶을 그려내고 있다. 맨발로 가을 이삭을 줍는 그들은 아담과 이브를 떠올리게 한다. 그들은 옛 추억에 잠기며 슈퍼마켓과 백화점의 상품이 지상에 다시 나타날 것을 믿고 있다. 다른 혹성에서 온 동화 속 어린 왕자가 사막에 샘을 파놓으면 별자리에 있던 물뱀이 암컷을 데리고 내려와 샘의 물맛을 본다. 이 시의 맥락을 따라가면 샘에서 노는 물뱀은 생명과 희망을 상징한다. 멸망한 지구의 들판에서 젊은 남녀는 트랙터로 보리와 밀을 간다. 그들은 또 한 번의 멸망 따위는 두려워하지 않는다. 시인은 지구가 다시 아름다워지는 것은 인간이 있기 때문이라고 생각한다. 문명비판을 주제화하는 모더니즘 시는 인간의 욕망과 황폐한 내면, 그리고 타락한 사회의 현실을 비판하곤 한다. 하지만 정영태 후기 시는 이것을 뛰어넘는다. 그의 시의 밑바닥에는 인간에 대한 따뜻한 시선과 신뢰가 깔려 있다.

정영태는 1994년에는 《시와 사상》을 창간했다. 그리고 2005년 작고하기 전까지 이 그룹의 좌장 역할을 맡아왔다. 동인 체제로 운영되는 《시와 사상》 동인 가운데 상당수는 모더니즘 성향의 시를 선보인다. 1990년대 들어 부산에서 모더니즘 시가 강세를 보인 것은 《시와 사상》이 부산 모더니즘 시운동의 중요한 축이 되었기 때문이다.

3. 제3세대, 1990~2000년대

1990년대는 부산 모더니즘 시의 전성기라고 할 수 있다. 이 시기에는 모던한 시를 쓰는 시인들이 많아졌으며《시와 사상》과《시 21》처럼 모더니즘을 표방하는 시전문지와 무크지도 창간되었다.《시와 사상》을 중심으로 활동한 시인들로는 정영태를 비롯하여 김경수, 김혜영, 김종미, 김언, 정익진, 박강우 등을 꼽을 수 있다. 이 가운데 정영태, 정익진, 김언은 박청륭, 변의수와 함께《시 21》동인으로도 활동했으니《시와 사상》과《시 21》에서 활동했던 시인은 사실상 대동소이하다. '시와 사상' 그룹의 기원은 부산대학교 의학과 문학청년 그룹으로 올라간다. 정영태, 김경수, 박강우가 부산대 의과대학 출신의 시인들이다. 한편 특정 그룹에 소속되지 않고 개인적으로 시작을 해나간 시인들로는 노혜경, 김형술, 김참, 이찬, 조말선, 전명숙, 유지소 등을 들 수 있다.

1990년대 부산 모더니즘 시의 출발을 알리는 시인은 노혜경이다. 노혜경은 1958년 부산에서 태어났다. 1991년《현대시사상》으로 등단한 이후《새였던 것을 기억하는 새》《뜯어먹기 좋은 빵》《캣츠 아이》같은 시집을 남겼다. 노혜경은 1990년대와 2000년대 초반에 활발한 창작활동을 했으며, 이 시기 부산 시단을 대표하는 여성 시인으로 자리매김했지만, 이후 정치에 참여하면서 시와는 멀어진다. 노혜경의 시는 신화적 상상력을 바탕으로 하고 있으며, 여성성의 구현에도 깊은 관심을 기울인다. 노혜경 시의 개성은 연작시〈엄마와의 전쟁〉연작이 수록된 세 번째 시집《캣츠 아이》에서 뚜렷하게 나타난다.

　　내 친구 숙이는 미장원처녀. 도시의 변두리, 지친 사람들이 밤늦게 돌아와 고단한 몸을 누이는 잠자리 곁에 그녀의 미장원이 있다. 우리가 어릴 적 꿈꾸던 마술거울이 걸려 있진 않지만, 들여다보면 늘 바쁜 아줌마들이 뽀글거리는 파마를 하고 있는 곳. 꽃무늬 보자기를 뒤집어쓰고 서둘러 집으로 가는 거칠고 옹이진 손들 사이로, 그녀의 늙어 버린 엄마가 중고 미용실용 의자 위에서 잠들어 있다. 그녀의 사악한 남편이 미용실 바깥에서 서성이고 있다. 그녀의 잔인한 시엄마가 손지갑을 흔들며 그녀를 때린다. 그녀의 굶어 죽은 딸이 거울 속에서 잠들어 있다. 그녀는 길게 담배 한 모금 내뿜으며 한 손으로 드라이를 한다. 숙이는 세상에서 가장 오래 산 여자. 고통이 그녀의 생을 종이처럼 접어 부피가 두터운 책으로 제본을 했다.

　　그녀는 거울에 비친 자기 모습을 보지 않는다. 그녀의 거울 속엔 지하실이 있고, 그 지하실 낡은 찬장 속엔 우리가 만들고 잊어버린 수많은 얼굴들이 있다. 아직도 머리카락이 자라나는 그 아름다운 소녀의 얼굴. 복숭아빛 뺨에 어울리는 둥근 타래 머리를 하고 싶어요. 공주처럼 머리를 높이높이 올리고 싶어요. 사내아이처럼 앞머리를 자르고 싶어요. 거울 앞의 작은 소원들을 숙이의 거울은 하나도 남김없이 기억해 둔다. 숙이가 낡은 집 먼지를 걷어내듯 거울 속으로 들어와 내 얼굴을 만진다. 불이 오른다. 차가운 그녀의 손이 내 불타오르는 얼굴을 식혀 준다. 부드러운 그녀의 손이 내 머리카락 사이로 노래를 흐르게 한다. 그녀의 죽은 딸이 내 무릎 위에서 놀고 있다. 그녀의 손끝 아래서 늙은 여자들의 메두사 같은 머리가 안식을 얻는다. 고생을 모르는 손은 그 뱀들을 만질 수 없다. 오직 그녀만이 뱀들이 노래 부르게 만들 수 있다.

숙이는 미장원처녀다. 오래 오래 묵은.

—노혜경, 〈캣츠 아이―미장원처녀〉

이 시는 미장원에서 일하는 숙이의 고단한 삶과 불행한 가족사, 그리고 그녀의 황폐한 내면을 보여준다. 그녀의 내면세계는 굶어 죽은 딸이 거울 속에서 잠들어 있거나 잔인한 시엄마가 그녀를 때리는 끔찍한 사건들이 일어나는 곳이다. 숙이가 일하는 미장원의 거울엔 그녀의 지나간 삶과 유년의 꿈이 비쳐진다. 이처럼 노혜경은 삶과 죽음, 과거와 현재의 경계를 무너뜨리는 시적 상상을 통해 다분히 신화적인 세계를 구축하려고 한다. 〈엄마와의 전쟁〉 연작도 신화적 상상력을 바탕으로 동화적이고 환상적으로 전개된다. 노혜경이 세 번째 시집에서 보여준 세계는 다소 그로테스크하다. 이는 시인이 우리가 살고 있는 문명세계를 일그러지고 추악하고 기괴한 곳으로 바라보고 있기 때문인 듯하다. 이와 같은 그로테스크한 상상력은 1990년대 부산 모더니즘 시의 한 축을 담당한다. 조말선과 정익진, 유지소가 보여준 그로테스크한 시들도 노혜경의 시적 상상력과 친연성을 보이는 부분이 있다.

김형술은 노혜경과 함께 1990년대 부산 모더니즘 시의 선두주자다. 그는 1956년 진해에서 태어났다. 1992년《현대문학》으로 등단한 이후《의자와 이야기하는 남자》《의자, 벌레, 달》《나비의 침대》《물고기가 온다》 등의 시집을 선보였다. 김형술이 보여주는 시적 경향은 다양하지만 도시의 불모성을 비판하는 문명비판시로 귀결된다. 그는 티브이, 컴퓨터, 전화 등 도시적 삶을 대변하는 사물들을 노래하며 도시적 삶의 문제와 소외된 인간의 삶을 돌아보고 있다.

놀라지 마. 우리 집 뒤뜰에 화산이 하나 자라고 있어. 그건 누구도 눈치챌 수 없을 만큼 작은 구멍에 불과해서 극성스런 쥐들의 통로이거나 아니면 투기꾼들이 허겁지겁 지어 집을 팔아먹느라 생긴 지반의 균열 정도로 여기곤 하지만 한밤중이면 난 은밀히 그 분화구 속에서 자라는 불씨를, 장차 거대한 불의 강이 되어 도도히 흘러 형용할 수 없이 아름다운 용암들을 지켜보며 전율하곤 하지.

아, 물론 그런 징후들을 누군가는 느낄 거라는 짐작이야 해. 가령 가로수들이 이유 없이 비실비실 말라죽거나 멀쩡하던 지하철역 배수관이 터져 물바다가 되곤 하는 따위… 하지만 그건 아주 조심스럽고 미미한 징후에 불과한 거야. 상상도 안 해봤겠지만 땅속은 지금 부글부글 끓으며 힘을 축적하고 있어. 지렁이나 땅강아지, 긴수염장군벌레 따위가 자취를 감춘 이유를 이제서야 알겠지? 아아 누구도 거역할 수 없는 뜨거운 불덩이들이 하늘 높이 치솟아 올라 산을 무너뜨리고 바다를 메우며 이 도시의 거미줄처럼 엉킨 미로와 빌딩들을 깡그리 지워버린다면… 그래서 높낮이와 양음지가 없고 모든 길들이 언제 어디서나 서로 만나는 순결한 녹지대와 평화를 낳는 주거지역과 신화를 간직한 산을 다시 만들 수 있다면… 난 요즘 무척 바빠. 다시 그림을 그리기 시작했거든, 이런 제목의 그림들이야. 신도시계획, 신건축법, 신인류와 문화론…

―김형술 〈전화 5―화산〉 부분

김형술이 꿈꾸는 세계는 '순결한 녹지대와 평화를 낳는 주거지역과 신화를 간직한 산'이 있는 곳이다. 이와 같은 세계가 도래하기 위해서는 화산이 터지고 용암이 강처럼 흘러서 거미줄처럼 엉킨 미로와 빌딩들이 있는 도시를 깡그리 지워버려야 한다. 그가 시에서 노래하는 새로운 세계는 타락한 세계의 완전한 파괴를 통해 이루어진다. 거대한 불의 강의 도도히 흘러 도시를 지워 없애고 그 자리에 지렁이와 땅강아지, 긴 수염장군벌레가 다시 돌아오는 것이 그의 꿈이다. 이처럼 유토피아적 공간을 꿈꾸는 시인의 상상력은 최근에 발표하는 시에서 그려내고 있는 유년의 행복한 공간이나 화해로운 삶의 공간으로 변용되고 있다.

김경수는 1957년 대구에서 태어났다. 1993년 《현대시》로 등단한 이후 《하얀 욕망이 눈부시다》《다른 시각에서 보다》《목숨보다 소중한 사랑》《달리의 추억》 등의 시집을 선보였다. 그의 시는 모더니즘과 뿐만 아니라 포스터모더니즘의 성향을 보이기도 한다. 네 번째 시집에서 시인이 밝히고 있듯이 그는 최근 들어 팝아트와 혼성모방 등의 기법을 적극적으로 수용하기도 한다.

늦은 밤의 어둠을 가르며 꿈의 어항을 실은 지하철 전동차가 질주한다. 정거장에 도착하여 문이 열리자마자 도시의 시민들은 재빨리 가장 멋진 폼으로 다이빙해 들어와 유영한다. 노란 지느러미를 흔들며 신나게 DDR 춤을 추는 어린 남학생들과 회색 지느러미를 조용히 흔들며 앉아 있는 노인들과 인터넷 사이버 세상에서의 전쟁으로 인한 하루의 피로를 파란 지느러미로 쓸어내리는 젊은 세대들. 전동차가 싣고 가는 황금색 빛의 어항 속에서 유영하는 피곤에 지친 도시인들의 꿈의 머리카락이 제각각 빨갛게 혹은 노랗게 물들여진다. 빨강머리 소녀들의 재잘거림으로 어항 속 도시인들의 꿈에도 색색의 꼬리지느러미가 돋아나 싱싱하게 파닥인다. 수소 같은 꿈의 질량을 품은 풍선만이 하늘로 날아 갈 수 있듯이 꿈을 가슴에 안고 신나게 유영하는 도시인만이 살아남을 수 있는 공화국에서 내 꿈은 황금사원의 아침빛으로 빛나고 결국 나는 이 도시에서 최후까지도 생존자로 남기 위해 끝없이 꿈을 꾼다. 황금빛으로 노랗게 변한 희망이 새겨진 잎을 용암처럼 밀어내는 가로수를 꿈꾸고 테크놀로지의 도시에서 인간들이 버리기만 한 꿈들을 잎잎마다 품고 피어나는 모란꽃들이 알몸의 비너스로 변신하는 꿈을 꾼다. 계속해서 꿈을 꾸다 꿈의 알이 된다. 알 속에서 꿈만 먹으며 초생달처럼 몸을 구부린다. 꿈꾸는 자

들만이 살아남은 도시의 밤 어둠 속에서는 지하철 전동차가 보석처럼 반
짝반짝 빛나며 꿈꾸는 종착역을 향해 참 아름답게 질주한다.

— 김경수, 〈꿈꾸는 전동차〉

　이 시는 지하철의 풍경을 그려내고 있다. 피곤에 지친 사람들만 살아가는 불모의 도시에서 화자는 "황금빛으로 노랗게 변한 희망이 새겨진 잎을 용암처럼 밀어내는 가로수를 꿈꾸고 테크놀로지의 도시에서 인간들이 버리기만 한 꿈들을 잎잎마다 품고 피어나는 모란꽃들이 알몸의 비너스로 변신하는" 유토피아적 꿈을 꾸고 있다. 이 시에서 잘 나타나고 있는 것처럼 김경수의 시는 현대사회의 문제와 현대인들의 아픔, 도시인의 소외를 다루는 것들이 주를 이룬다. 그가 이와 같은 문명 비판적 시를 주로 쓰는 것은 두 번째 시집의 〈자서〉에서 이야기한 것처럼 세상의 역사는 집단화된 공적 세력들이 위선으로 가득 찬 상황논리로 미력한 존재인 개인의 자유와 행복을 짓밟는 경우가 허다하기 때문이다.
　이찬은 1967년 고성에서 태어났다. 이찬은 필명이며 본명은 박상찬이다. 그는 1997년 《문학과사회》로 등단했고 시집 《발아래 비의 눈들이 모여 나를 씻을 수 있다면》을 선보였다. 손택수, 최갑수, 김언, 그리고 필자와 함께 〈청동시대〉 동인으로 활동했다. 그의 시가 주로 그려내는 것은 그의 우울한 가족사이다. 그의 시에는 할머니, 아버지, 어머니, 삼촌, 조카 등 다양한 인물들이 등장하며, 그의 고향 고성이 주요한 시적 공간으로 나타난다. 그 공간에서 가장 중요한 등장인물은 바로 시인의 할머니다.

네 발 달린 테레비 안에 발 없는 테레비가 그 안에 할머니가 갇혀 있습니다 할머니를 켜자 사람들이 말을 건네고 별세상을 열어줍니다 말동무를 하던 할머니들이 무덤 줄지어 기어 들어가도 할머니는 여전합니다 자신을 켜고 비추는 저 말쑥한 동무들이 너무 많아 외로움마저 삼켜버린 것이지요 한번쯤 동무들을 꺼내어 만져볼까 너무 말들 잘하는 그네들을 저녁잠에 초대할까 하마터면 할머니는 테레비에 갇힌 그들을 꺼내줄 뻔하였습니다 할머니는 테레비에 갇힌 그네들과 말동무를 하다가 오늘도 새록새록 잠이 들었습니다.

—이찬, 〈할머니와 텔레비전〉

이찬 시의 화자는 할머니의 삶을 집요하게 파고든다. 시집에 수록된 마지막 시 〈할머니와 소년〉에서 그는 "할머니 그는 할머니의 시를 도둑질하는 시인 놈입니다"라고까지 이야기하고 있으니 이찬 시의 상상력이 어디에 뿌리를 두고 있는지는 어렵지 않게 알 수 있다. 위의 시는 할머니의 친구들이 돌아가시고 외로이 남은 할머니가 티브이 속의 인물들을 친구 삼는 장면을 보여준다. 전통 서정시나 80년대 시에 주로 나타났을 법한 장면이지만 화자의 발화는 상당히 세련되다. 이처럼 80년대적 감성을 모던한 방법으로 표현하는 것이 이찬의 주특기라고 할 수 있다. 기형도의 영향을 많이 받았다는 것을 고백하기는 했지만 그는 첫 시집에서 다른 시인들의 시 세계와는 차별화된 자신의 시적 개성을 뚜렷하게 보여주었다. 특히 할머니의 죽음을 제의로 승화시키고 있는

〈당동 용왕제, 할머니 나들이 갑니다〉는 그의 시가 가지고 있는 풍부한 이야기성과 서정적 울림을 유감없이 보여준 수작이라고 할 수 있다.

정익진은 1957년 부산에서 태어났다. 1997년 《시와 사상》으로 등단했으며 시집 《구멍의 크기》와 《윗몸일으키기》를 간행했다. 그의 시는 첫 시집은 그로테스크한 상상력과 위트에 기반을 두고 있다. 첫 시집에서는 초현실주의의 영향이 두드러지게 나타나는 강렬한 이미지의 시를 선보이지만 두 번째 시집부터는 상당히 많은 변화를 보여준다.

의자에 앉아 입 속에 권총을 들이댄다. 한번 당겨볼까? 총구를 관자놀이에 대본다. 콧구멍에 쑤셔본다. 창밖에서 들려오는 풍금소리. 달무리에 걸려 있는 네온빛 십자가가 무너져 내린다. 무심코 새끼손가락에 대고 한 방 쏜다. 날아가버린 손가락 끝에서 가시넝쿨이 자라 나오고 핏빛 장미송이가 툭툭 불거진다. 고양이를 삼키는 쥐의 신음소리. 창문 밖으로 뻗어나간 장미넝쿨 플라스틱 지붕을 타고 달무리를 향해 기어오른다. 엄지발가락에 대고 한 방 쏜다. 아직 네 발 남았다. 터져버린 발가락 끝에서 기어나오는 도마뱀들, 창밖으로 몰려가 떨어져버리고

그녀는 주사바늘을 나의 귀에 꽂았다. 그녀의 애인은 내가 잠든 사이 내 귓속에 염산을 부어넣었다.

어깨에 대고 한 방 쏜다. 왼쪽 팔 하나 떨어져나간다. 지붕에서 굴러

떨어지는 자전거 바퀴. 부서져버린 어깻죽지에서 녹슨 날개가 펄럭인다. 벽에 걸린 나를 향해 한 방 쏜다. 튕겨버린 탄피는 쥐가 물고가고 내 이마를 뚫고 벽을 관통하는 총알. 아직까지 두 발 남았다. 왼쪽 무릎에 대고 한 방 당긴다. 용수철이 튀어나오고 나사못들이 떨어진다. 유령처럼 흔들리는 커튼자락… 탄실을 돌려 총구를 관자놀이에 대고 당겨본다. 틱, 불발, 틱틱, 또 불발. 다시 입 속에 총구를 넣고

—정익진, 〈플라스틱 지붕 위의 달무리〉

첫 시집에 수록된 이 시는 조향의 시를 떠오르게 한다. 조향이 살아 있었다면 정익진의 시를 극찬했을 것이다. 이 시의 등장인물은 권총을 들고 있다. 그는 의자에 앉아 권총을 입에도 넣어보고 관자놀이에도 대본다. 콧구멍에도 대본다. 그러다가 새끼손가락에 대고 한 방 쏜다. 손가락 끝에서 가시넝쿨이 자라나고 핏빛 장미가 피어난다. 창밖으로 뻗어나간 장미넝쿨이 지붕을 타고 달을 향해 기어오르는 장면은 환상적이지만 동시에 기괴하고 엉뚱하고 비정상적이다. 엄지발가락에 한 방 쏘자 터진 발가락에서 도마뱀들이 기어나와 창밖으로 떨어진다. 끔찍하기도 하지만 희극적인 장면이다. 이와 같은 시인의 상상은 계속 이어진다. 세 번째 총알은 어깨에 대고 쏜다. 그러자 왼쪽 팔이 떨어져나간다. 네 번째 총알은 이마를 뚫고 나간다. 이쯤 되면 그는 죽어야 마땅하지만 여전히 살아 있고 총알은 두 발이나 남아 있다. 그러므로 이 기괴한 장면은 우스꽝스럽기도 하다. 다섯 번째 총알은 무릎에 대고 쏜다.

탄실을 돌려 마지막 총알을 찾는다. 그리고 처음에 했던 것처럼 다시 입 속에 총구를 넣는다. 시의 마지막 장면은 이와 같은 끔찍하고 우스꽝스러운 장면이 계속 되풀이될 것이라는 것을 암시한다. 필립 톰슨의 말을 빌리면 이와 같은 시적 상상은 놀이의 충동에서 비롯된다. 놀이의 충동, 즉 꾸며내고 실험해보고자 하는 욕망은 그 자체로 모든 예술창조의 한 요인이 된다. 정익진은 첫 시집에서 위의 시처럼 친숙한 현실을 파괴하고 재구성하는 창의적이고 실험적인 시를 선보였다. 그런데 두 번째 시집에서 시인은 실험보다는 현실 쪽에 관심을 기울인다. 이와 같은 그의 행보에 대해 그를 사랑하는 동료 시인들은 근심스러움과 유감을 표명하고 있는 것으로 알고 있다.

조말선은 1965년 김해에서 태어났다. 1998년 〈부산일보〉와 《현대시학》을 통해 작품 활동을 시작했다. 그녀는 2001년 '현대시 동인상'을 수상한 이후 두각을 나타내기 시작했으며 《매우 가벼운 담론》과 《둥근 발작》 두 권의 시집을 선보였다. 그녀는 등단 이후 개성적인 작품을 꾸준히 발표하며 부산 지역을 대표하는 여성 시인으로 자리매김하고 있다. 이찬이 할머니를 시적 상상력의 근원으로 삼는다면 조말선은 아버지를 시적 상상력의 근간으로 삼고 있다고 할 수 있다.

아버지가 모종컵 속에 나를 심는다 아가야, 어서어서 피어라 너를 팔아 새 눈알을 사야지 그때서야 내 너를 볼 수 있지 나는 빛나는 아버지를 쥔다 일렬로 줄을 선 모종컵 속으로 골고루 아버지가 비친다 아버지는 사흘 만에 편 떡잎을 보고 주문을 왼다 너를 팔아 새 다리를 사야지 그때서야 내 너를 업어주지 아가야, 어서어서 피어라 아버지의 얼굴에 무수한 길이 난다 아버지, 나는 어디서 나를 사나요 물조루에서 수천의 아버지가 쏟아진다 몰라, 몰라 이 길을 다 지워야겠어 내가 온 길을 되돌아가야겠어 나는 찢어지는 아버지를 받아 마신다 나는 쑥쑥 찢어진다 아버지가 환해진다

모종컵 속에서 아버지의 사지가 하나씩 피어난다

—조말선, 〈거울〉

위의 시에서 알 수 있는 것처럼 조말선의 시는 흔히 그로테스크한 상상력을 드러낸다. 그로테스크는 행복한 삶을 꿈꾸는 인간을 억압하는 괴물과 같은 현실에서 벗어나고자 하는 욕망의 변형이라고 할 수 있다. 그로테스크한 시는 강렬한 이미지를 수반하는 경우가 대부분이며, 비정상적이고 끔찍하며, 섬뜩한 장면을 보여주기도 한다. 아버지가 모종컵에 나를 심는 장면이나 모종컵에서 아버지의 사지가 하나씩 피어나는 끔찍한 장면은 조말선의 다른 시에서도 변주되고 있다. 두 번째 시집에 수록된 〈수프〉〈내가 파버린 내 눈알이 열리는 오이디푸스나무〉〈식목일〉〈오이디푸스나무의 꽃〉 등을 예로 들 수 있다. 두 번째 시집 《둥근 발작》은 그녀의 시세계가 확대되고 더욱 치열해지고 있다는 것을 보여준다. 조말선이 50년에 걸친 부산 모더니즘 시사에서 가장 중요

한 여성 시인이라는 점에 이의를 제기할 사람은 없을 것이다.

김언은 1973년 부산에서 태어났다. 1998년 《시와 사상》으로 등단한 이후 《숨쉬는 무덤》《거인》《소설을 쓰자》와 같은 시집을 선보였다. 그는 결혼을 하면서 거주지를 서울로 옮겨간 상태이지만 첫 시집과 두 번째 시집, 그리고 세 번째 시집에 수록된 시의 상당수는 부산에서 탄생했다. 그는 부산 모더니즘 시단에서 언어 실험에 주력한 보기 드문 시인이다. 언어 실험은 외롭고 고독하기 마련이지만 세 번째 시집으로 '미당문학상'을 수상하게 되면서 그의 시적 입지는 반석에 오르게 되었다.

너는 어제 헤어졌고 두어 번 화해할 기회를 놓쳤고 싸운 이유는 잘 모르겠다. 너는 어제 헤어졌고 헤어진 이유는 그저께나 그그저께의 일이고 나는 그 시간에 프로야구를 보고 있었다. 두 번 붙어서 두 번 다 패한 그 경기를 어제 아침 너의 결별 소식과 함께 들었고 이유는 잘 모르겠다. 너무나 잘 들어맞는 너희 두 사람과 이틀 동안의 갑작스런 패배를 수긍하지 못하는 팬들의 반응을. 그것은 중요한 경기였고 하필이면 라이벌끼리 만난 그 경기에서 맥없이 헤어진 이유를 친구들에게 물어보면 그 또한 그들에게는 중요한 경기였다. 너 또한 아파서 유학 간 걸로 되어 있고 지금보다 더 성공했기 때문에 죽은 걸로 되어 있을지도 모른다. 너는 떠나는 날짜만 남았고 혹 새로운 얼굴이 나타나서 갑작스런 이 연패를 끊어줄 날을 애타게 기다릴지도 모른다. 너의 열렬한 상처뿐인 혼자 남겨지는 그녀를 위해서라도 감독은 아마 새로운 일정을

짧 것이다. 몇 년 만에 불쑥 찾아온 우승의 기회를 놓치지 않기 위해 너
는 어제 헤어졌고 두어 번 화해할 기회를 놓쳤고 중도에 하차하는 이유
는 잘 모르겠다. 너도 모른다는 그 이유를 잘 모르겠다.

―김언, 〈드라마〉

    지금도 마찬가지이지만 김언은 애초부터 현실 재현 따위에는 관심이 없는 시인이었다. 야구중계와 드라마를 병치시키고 있는 위의 시는 그와 같은 김언의 시적 관심사를 잘 보여준다. 사물과 현실을 삐딱하게 바라보고 현실을 비틀고 왜곡하는 것이 김언의 주특기다. 그와 같은 그의 주특기가 가장 잘 구현된 시는 두 번째 시집에 수록된 〈누구세요〉이다. 기묘한 인간관계와 사건, 상황들이 복잡하게 얽히고설킨 〈누구세요〉는 김언 시의 정수를 담고 있다. 평론가들은 김언 시의 난해함을 맹점으로 지적하며 도대체 알아먹을 수 없는 난해시라고 지적하기도 한다. 김언은 이와 같은 평론가들의 불만에 대해 다시 불만을 토로한다. 그의 시를 이해하기 위한 가장 좋은 지침서는 첫 시집에 수록된 그의 산문 〈불가능한 동격〉이다. 이 글은 산문이라는 이름을 달고 있지만 사실 김언의 시론에 해당한다. 김언의 말을 빌리자면 사물을 있는 그대로 놔두는 건 예술이 아니다. 내 속으로 사물을 끌고 들어와 사물을 죽이고 내 식으로 다시 태어나게 하는 것이 예술이다. 이러한 김언의 시관은 언어 실험으로 나타나는 경우가 많다. 그가 즐겨 사용하는 언어 실험은 통사적으로는 문제가 없지만 엉뚱하고 이상한 내용의 문장을 만들어내는 것이다.

시는 예술이고 예술의 어원은 기술에 있다. 기술은 기법과 통한다. 김언은 자신만의 기술을 만들어내려고 노력하는 시인이다. 그런데 우리 주변에는 시를 단순히 시로만 생각하는 시인들이 대부분이다. 그들은 시가 예술이라는 점을 잘 모르는 듯하다.

김종미는 1957년 부산에서 태어났다. 1997년《현대시학》으로 등단했으며 시집으로는《새로운 취미》가 있다. 김종미는 다양한 스타일의 시를 쓰고 있지만 그 가운데서도 도시적 서정을 그려내는 모던한 시가 주를 이룬다.

불구의 몸인 프리다 칼로가 낳은 아이들은 모두 사산되었다 사산된 프리다 칼로의 아이가 보고 싶은 어느 날 그녀의 사산된 아이를 내가 키우고 있다 자세히 보니 내가 키우고 있는 아이는 프리다 칼로다 내가 키우고 있는 프리다 칼로는 놀라운 속도로 성장하여 요즘은 잘 크지 않는 나를 키우고 있다 나는 그녀의 드라마틱한 모델이 되어 볼 거라며 갖가지 포즈를 취해 보지만 그녀는 언제나 자기 자신의 자화상만 그린다 나는 그녀의 자화상 속에 들어가 노는 걸 즐기는데 그녀의 자화상 속에서 노는 것은 참 슬프기만 하다 나를 알뜰히 키우는 것은 정작 그 슬픔인지도 모른다 화첩을 넘기는 사람들이 요즘 내가 부쩍 자랐다고들 하니 말이다 하긴 내겐 멕시코의 태양이 너무 뜨거워 울면서 보낸 몇 장의 여름이 있다 풀어헤친 프리다 칼로의 머리카락에 내 목이 칭칭 감겨드는 여름이 있다 그 여름에 누군가는 내 이마에서 울고 있는 프리

다 칼로를 보았다고 하는 사람을 만났다고도 했다

―김종미, 〈프리다 칼로와 나의 관계〉

  위의 시는 멕시코 화가 프리다 칼로의 삶과 그녀의 그림에 관한 이야기를 담고 있다. 프리다 칼로의 그림과 삶을 생각하면서 이 시를 읽어보면 시의 서사와 이미지는 선명하게 다가온다. 칼로의 삶은 참 슬프다. 그녀는 일곱 살 때 소아마비에 걸려 다리를 절게 되었고, 열여덟 살 때에는 그녀가 탄 버스가 전차와 충돌하는 사고를 당한다. 이때 긴 철봉이 배를 관통하여, 척추와 오른쪽 다리, 자궁을 크게 다친다. 1년 동안 깁스를 했고 이후 평생 동안 서른 번이 넘는 외과수술을 받았다. 칼로의 남편 디에고 리베라는 유명한 바람둥이였다. 그는 칼로의 여동생과도 바람을 피운다. 그럼에도 불구하고 칼로는 남편을 사랑했고 그의 아이를 낳고 싶어 했다. 하지만 그녀는 세 번이나 유산을 경험한다. 칼로의 삶은 그녀의 그림 속에 그대로 녹아들어 있다.

  이 시는 칼로의 그림처럼 강렬하고 개성적이다. 그림 속에서 화자는 사산된 칼로의 아이를 키우고 있다. 그 아이는 곧 칼로로 변신하여 무서운 속도로 성장한다. 그리고 잘 자라지 않는 나를 키운다. 나는 그녀의 모델이 되려고 온갖 포즈를 취하지만 화자가 그리는 그림 속에서 칼로는 자화상만 그리고 있다. 그래서 화자는 그녀의 자화상 속에 들어가 논다. 김종미는 칼로가 그린 자화상 속에서 그녀와 함께 놀거나 멕시코의 뜨거운 태양을 받으며 칼로와 하나가 되는 이상한 장면을 아름답게 그려내었다.

박강우는 1959년 마산에서 태어났다. 1998년 《현대시학》으로 등단했으며, 시집으로는 《병든 앵무새를 먹어 보렴》이 있다. 그는 소아과 의사로 일하고 있으며, 정영태와 김경수의 뒤를 이어 《시와 사상》 주간을 맡고 있다.

> 남자 인형과 여자 인형을 만들어 의자에 앉힌다 남자 인형의 의자가 자꾸 넘어진다 나는 포르말린이 담긴 유리병에 남자 인형을 넣는다 여자 인형이 얼굴을 가리고 울기 시작한다 울음을 그친 여자 인형이 아기 인형을 낳는다 아기 인형은 울어도 울음소리가 나오지 않아 여자 인형이 대신 울음소리를 낸다 포르말린에 담긴 남자 인형의 눈에서 눈물이 떨어진다 지친 아기 인형이 곰 인형의 눈을 물어뜯는다 성난 곰 인형이 여자 인형을 발톱으로 할퀸다 나는 쓰러진 여자 인형을 포르말린이 담긴 유리병에 넣는다 곰 인형이 아기 인형에게 젖을 물린다 아기 인형이 웃는다 곰 인형이 웃음소리를 잡으려고 집 안을 뛰어다닌다 아기 인형이 곰 인형을 잡으려고 뛰어다닌다// 아기 인형이/ 포르말린에 담긴 남자 인형과 여자 인형을 꺼내어/ 물로 씻어 창가에 내놓는다/ 남자 인형과 여자 인형이 말려지며 웃고 있다
>
> ―박강우, 〈인형의 집〉

이 시는 일견 난해해 보이지만 사실은 단순한 사건들의 연쇄로 이루어져 있다. 따라서 우리는 인형들의 움직임을 있는 그대로 따라가면서

그 장면을 떠올리기만 하면 된다. 남자 인형, 여자 인형, 아기 인형, 곰 인형 그리고 나의 행동은 마치 만화의 한 장면을 떠오르게 한다. 이 시를 가족 문제나 사물화의 관점에서 해석할 수 없는 것은 아니지만 이 시에서 의미를 찾아내려고 하는 것은 별로 효과적이지 않다. 시인은 관념을 배제하고 사물을 있는 그대로 보여준다. 진술이 배제되고 장면만 보여주는 방법은 실험적인 시에서 흔히 나타난다. 이런 시에는 감정이 개입될 여지가 없다. 박강우의 시집에 수록된 다른 시에서도 이런 점은 확인된다. 이러한 시작 방법은 시 쓰기가 진지한 사유의 산물이라기보다는 놀이라는 시관에서 비롯된다. 이런 시는 서정적 울림의 결핍이라는 맹점을 지니게 마련이지만 박강우가 보여주는 최근의 시들은 이런 맹점을 상당히 극복해 나가고 있다.

부산에서는 내면의식을 주로 표현하는 모더니즘 시가 성행했다. 1950년대부터 활동한 시인들의 면면을 살펴보면 부산 이외의 지역에서 태어나 부산으로 이주해온 경우가 많으며 부산에서 활동하다가 타지로 옮겨간 이도 적지 않다. 각각의 시인들이 보여주는 내면세계는 상이하지만 그것은 그들이 생활했던 도시 부산에서 발화했다. 1950년대의 조향 그룹에서부터 최근에 활동하고 있는 '시와 사상' 그룹에 이르기까지 그들이 보여주는 시의 밑바닥에는 도시적 삶이 아닌 근원적이고 원초적 세계에 대한 지향이 깔려 있는 것으로 보인다.

조말선

시_돌아선 얼굴
     코의 위치

산문_몇 가지 징후들

1998년 〈부산일보〉 신춘문예 시 당선.
1998년 《현대시학》으로 등단.
시집 《매우 가벼운 담론》 《둥근 발작》.
제7회 현대시 동인상 수상.

돌아선 얼굴

아홉 명의 얼굴을 돌아선 한 명의 얼굴이
우리 팀의 얼굴입니다

한 명의 얼굴을 돌아선 아홉 명의 얼굴이
내세운 얼굴입니다

아홉 명의 얼굴이 전달하는 메시지를
전달하지 않는 것이 문자입니다

한 명의 얼굴이 전달하지 않는 문자를
전달하는 것이 전략입니다

돌아서는 순간 우리는 벌써 상처를 받습니다

아무것도 전달하지 않는 얼굴은
전달하는 문자입니다

우리는 누구도
돌아선 얼굴을 볼 수 없는 것이
전달하는 얼굴입니다

코의 위치

처음 만났을 때 손보다 코가 가까이 있었지만 손을 내밀었다

처음 비가 내릴 때 머리보다 늦게 비를 맞지만 콧물이 먼저 떨어진다

8등 서기관 코발료프의 코가 호두처럼 빵 속에서 발견된 것은 미래지향적이다 코는 묽고 노란 사과잼을 지금까지 생산하고 있다

내 얼굴과 네 얼굴이 만났을 때 코가 먼저 충돌하지만 진리는 미끄러지기도 하는 것 우리는 코 때문에 살짝 정면충돌을 피했다

코끼리의 코는 성질보다 위치로 고향에 먼저 닿는다

스테인리스 연통을 달아낸 건물들은 코끼리처럼 우두커니 코를 쳐들고 녹슬지 않는 빗방울을 연주할 수 있다

코는 성질보다 위치로 냄새 맡는다

몇 가지 징후들

1. 한 가지 징후

그것은 언제나 진실에서 나온다. 진실의 몸통에서 진실의 주변부로 퍼진다. 진실을 무시하고 진실의 냄새를 피운다. 진실이 없다면 그것은 존재하지 않는다. 진실에서 시작되어 진실을 무시하고 발생되는 진실 아닌 것이다. 진실은 한 가지이다. 그러나 무엇이 진실인지 모른다. 진실을 치장하는 다양한 양태들이 진실을 만드는 것인지 모른다. 진리는 없고 진리의 다양한 양태들이 있을 뿐이라는 스피노자의 생각처럼 진실은 하나의 실체가 없이 다양한 진실다운 것의 양태들일까.

한마디로 규정할 수 없는 내가 있고 한마디로 규정할 수 없는 내가 한 번도 실제로 본 적이 없는 내 얼굴이 있고 한마디로 규정할 수 없는 탁자가, 책장이 지금 이 시간을 변모해가고 있다. 그것들은 있다고 규정되지 않는다. 진행 중인 사물들은 징후를 가질 뿐이다.

그것은 처음 말하고 있는 것과 그 다음에 말하고 있는 것이 다를 것이다. 또 그 다음에 말하고 있는 것이 다를 것이다. 그것은 자기 자신으로부터 자꾸 멀어지는 것처럼 보일지 모르지만 그 멀어진다는 것은 그것에서 출발했기 때문에 그것이다. 시작이 있지만 끝이 없기 때문에 자코메티는 그것을 표현할 수 있는 최후의 순간까지 그 변형을 그리고 그리는 것이다.

한 번도 사물을 제대로 본 적이 없다고 불평할 필요가 없다. 어차피 우리는 제대로 된 실체를 볼 수 없기 때문에. 화랑에서 그림을 제대로 감상한 적이 없다고 부끄러워할 필요는 없다. 나는 그것의 징후를 예감할 뿐이기 때문에. 한 편의 영화를 감상하고도 전체를 제대로 반복할 수 없다는 것은 당연하지 않은가. 나는 인접성 연관이 파괴된 실어증 환자처럼 그것 있잖아, 그것하고 비슷한 그것 있잖아 하고 더듬거리고 있는 것이다. 내가 영화에서 본 '너'를 '너'라고 말할 수 없는 것처럼 나는 '너'라는 진실의 주변을 무한히 헤매고 있는 것이다.

그러나 그 징후는 예리한 칼 같다. 그것은 스윽 내 심장 근처를 불길하게 지나가는 것이다. 분명한 느낌으로 움직이는 것이다. 하나의 사물은 시시각각 그림자가 움직이듯, 명암이 달라지듯, 표정이 달라지듯 그것이다, 라고 규정되어서는 안 되는 것이다. 사물은 자유롭게 떠 있는 것이다. 시간이라는 공간 속에 떠 있기 때문에 차연을 누린다.

2. 두 가지 징후

이름은 많은 것을 감추고 있다. 조말선이라는 이름은 나의 커튼 역할을 하고 있다. 가난한 농부의 다섯 번째 딸(내 위로 여자애와 남자애가 있었다고 하니 일곱 번째라고 해야 하나), 주부, 엄마, 아내, 시인, 누구의 친구, 누구의 후배, 누구의 선배… 내 역할이 이렇게 많다니 난 정말 복잡한 인간이구나 싶다. 이름은 이렇게 많은 것을 말해주고 있다. 이 많은 역할들은 '나'의 주체의 양태들이다. '나'라는 주체는 무언가를 감추려고 시를 써온 것 같은데 이 모든 게 사실은 나의 드러난 모습인데 도대체 무엇을 감추고 싶었던 것일까.

나는 현실에서 폴짝 뛰어올라 가면을 뒤집어쓴 것처럼 행세를 하고 있다. 진짜 '나'는 따로 있다고 생각하고 스타일에 잔뜩 신경을 쓰고 살아왔다. 가난한 농부의 다섯 번째 딸(일곱 번째일지도 모를), 주부, 엄마, 아내, 시인, 누구의 친구, 선배, 후배… 이런 현실적인 나는 진정한 내가 아니라고 부정했던 것이다.

내 이름에는 이런 것 말고 뭔가 폼 나는 게 숨어 있다고 생각하면 좀 살 만했던 것이다. 그러나 지젝은 이런 똥 폼 뒤에는 감출 것이 아무것도 없다고 한다. 감출 것이 없다는 사실을 감출 뿐이라고 뒤집어준다. 이봐요, 예쁜 포장지에 싸인 행사용 초콜릿을 깨물어본 적 있지요. 별 뜻 없이 내가 당신에게도 보내드린 적이 있을 테니까요. 요란한 포장지를 벗기고 그럴듯한 크기의 그것을 깨물면 안은 텅 비어 있기 일쑤지요. 그러나 그렇기 때문에 나는 가면을 쓴다. 가면이 벗겨질까 봐 얇은 표면을 살살 다루어야 한다. 아무것도 없다는 사실은 나를 시 쓰게 한다. 또한 누군가의 손길이 요란한 포장지의 텅 빈 초콜릿을 집을 것처럼 또한 나는 포장의 기교를 익히고 익혀야 한다.

3. 세 가지 징후

아버지와 나와의 거리는 몇 번의 모퉁이를 돌아온 거 같다. 아버지가 내게 가르쳐준 관계의 법칙이다. 토마토 씨 하나를 완전히 토마토 씨 하나로부터 격리시키고 최초의 토양을 잊고 최초의 부모를 잊고 최초의 인연을 잊고 진짜 토마토가 되게 하기 위해서 이식하고 이식하는 방법은 내가 아버지에게서 물려받은 유일한 유산이다.

슬픔을, 느닷없는 희열을, 느닷없는 고통을 맞닥뜨렸을 때 나는 그것들의 최초의 그릇을 바꾸어주기를 반복한다. 그러면 더 이상 난처하게 흘러넘치지 않고 관계의 법칙을 익힌 슬픔은 단단해진다. 희열은 서랍을 이용할 줄 알고 혈연이 끊어진 고통은 통증이 전달되지 않는 물체 그 자체가 된다. 사물은 시인의 습작공간에서 최초의 자신을 뒤집고 뒤집어서 자기 자신으로부터 완전히 멀어진 후에 간신히 희미한 자기 자신이 되는 것이다. 그러나 정말 멀리 떠나고 싶다. 멀리 떨어져서 향기만 남고 싶다. 냄새만 남고 싶다. 어렴풋한 기억만 남고 싶다.

옮기고 옮기는 관계의 법칙, 가지를 치고 가지를 치는 관계의 법칙은 사물은 사물이되 관계 속에서만 어떤 것으로 규정될 뿐 원래 자기 자신은 없다. 우리는 계속 이동하고 있을 뿐이다. 아버지와 관계하면서 책상과 관계하면서 나무와 관계하면서 물과 관계하면서 고통과 관계하면서 우리는 계속 움직이고 있을 뿐이다.

김언

시_동반자

산문_그래, 그래, 몇 개의 록

1998년 《시와 사상》으로 등단.
시집 《숨쉬는 무덤》 《거인》 《소설을 쓰자》.
제9회 미당문학상 수상.

동반자
_ 詩도아닌것들이 · 07

　나는 야만스럽게 너는 고통스럽게 이불을 뒤집어 썼다. 시체를 들쳐업고 강가로 가서 떠내려오는 모든 뼈 냄새를 잠재우는 이 죽음의 강을 말없이 바라보다가 내려놓았다. 그 시체를 싼 이불이 흥건하게 피 냄새를 피워 올리는 상상은 할 필요가 없었다. 나는 여러 번 목격한 사람처럼 자연스럽게 이불을 풀어서 차갑게 굳은 한 사람의 육신을 강에 띄웠다. 내 손에서 축축한 목덜미가 떨어져 나가던 순간의 그 얼굴을 나는 아버지라고 생각할 수 없었다. 그는 열심히 물로 돌아가는 중이다. 시작만 있고 끝이 없는 삶을 기원하는 이곳의 풍습이 만들어낸 장례는 다시 물에서 태어나는 목숨과 교묘히 이어지는 믿음을 만들어낸다. 한 번 만들고 두 번 만들면 그는 이미 불멸하는 자의 얼굴을 가지게 될지도 모른다. 나의 동반자는 허겁지겁 이불을 개켜 들고 돌아가려 한다. 피 묻은 그 얼룩을 얼굴처럼 또렷한 그 흔적을 어디 가서 태울 것인가? 나는 두어 번 말을 바꾼 나의 동반자의 선택을 신뢰하지 않는다. 한 사람은 유령처럼 말하고 있고 또 한 사람은 그림자처럼 따라갈 뿐인 이 갈림길에서 그는 주저앉아서 울고 있었다. 집으로 돌아갈 것인가? 아니면 가까운 산으로 올라갈 것인가? 강물은 여러 번의 결심으로 흙을 깎아내리지 않는다. 바위를 부수지도 않는다. 그것은 다만 끊임없는 실천의 연속이다. 문장이 곧바로 행동이 되는 연습, 그것이 내게 필요한 선택이고 그가 따라야 할 운명처럼 보였다. 말이 곧 실천이 되는 장면을 바로 앞에서 지켜보면서도 그는 그 강 같은 눈물을 거두지 않고 주저앉은 자세를 일으켜 세울 만한 의지를 보여주지도 않았다. 맥이 빠져서 시체는 떠내려간다. 아무런 혼령도 없이 뜨끈한 온기도 없이 싸늘하고 차가운 강바람을 대책 없이 불러들이고 있었다. 그 심장을 열어젖히지 않고서야 어떻게 불같은 의지를 다시 집어넣을 수 있겠는가. 그는 아버지의 흔적이 연기로 변하는 모습을 보아야 한다. 나의 동반자는 착실하게 살아온 자신의 손가락에 묻은 피를 홍건한 강물에 씻고 또 씻는다. 참회와는 무관한 강물이 흐른다. 의지는 우발적으로 일어난다. 분노는 다시 오지 않을 때 붙잡아야 한다. 나는 마른 담배를 붙잡고 연기를 조종하는 것 같았다. 뜻대로 되지 않으면 그는 일어나지 않을 것이고 일어난 후에도 바람직하지 못한 방향으로 흘러들 것이다. 자수할 생각은 꿈에도 꾸지 않는 이 피로한 동반자의 얼굴이 조금씩 상하고 변해가기 전에 내가 보관해두어야 할 곳은 그 연기가 최초로 피어올랐던 불씨, 그리고 그 불씨를 당겼던 한 사람의 폭압적인 얼굴을 끝없이 상영해주는 밀실이어야 할 것이다. 인생은 덧없고 덧없지만, 밀실은 완고하게 자신의 죄를 털어놓지 않는다. 흔들어도 제 속에서 요란한 부스러기 소리를 한 줌의 뼈만도 못한 그 연기의 몸부림치는 소리를 가볍게 인내해야 한다. 너는 그 소리를 듣지 못하리라. 무거울수록 달아나는 연습을 수없이 해오지 않았느냐. 마치 먼지가 달아나듯이 연기가 흩어지듯이 나는 두 번 다시 오지 않는 이 순간을 너무 깊이 담아두지 않는 지혜가 필요하다고 강조하였다. 그는 지혜? 라고 반문하였다. 그럼 용기라고 해두자. 그는 둘 다 만족할 수 없는 단어를 붙잡고 일어섰다. 용기와 지혜, 이 모두가 내 손에서 나와서 나의 동반자를 일으켜 세우고 있다. 앞서가는 것은 그였지만, 헐렁한 그림자 같았다. 등 뒤에서 지는 해가 간신히 세워놓은 듯한 존재. 우리는 심야의 강바람을 등지고 걸었다. 생각보다 가벼운 이불을 짊어지고서 그 안에 든 한 사람이 빠져나간 조용한 흔적을 마치 관짝처럼 짊어지고서 걸었다. 이 안에 든 것은 언제나 피를 부르는 아버지의 말라붙은 부장품이었다. 주인 없는 그 분신들이 너무도 가벼워서 태우는 순간 금방 날아갈 것 같았다. 불에 타 죽은 새처럼 돌멩이는 말없이 발끝에서 툭툭 채이고 흩어졌다. 울림 없는 메

아리, 반향 없는 그 실종을 위장하기 위하여 산 속의 깊은 곳과 깊은 곳을 다 헤집고 돌아다닌 후에도 여전히 상황은 실종이었다. 처음 생각해 낸 단어가 그대로 돌아온다는 것. 아무런 의심도 없이 단어가 만들어낸 그 상상을 더는 상상하지 않고 기억하듯이 말해야 한다. 머릿속을 굴릴 때도 우리는 어느 한쪽 방향으로만 눈을 돌려야 한다. 기억하듯이, 기억하듯이, 그래 기억하듯이. 우리는 드디어 말하지 않고도 기억할 수 있다. 기억이 만들어낸 그 상황을 정확히 때로는 흐릿하게 때로는 가슴 아프게 되풀이해서 풀어낼 수 있는 기억이 조용히 완성되는 것 같았다. 우리는 실제로 아버지의 실종을 지켜보았고 그것은 운명이 만들어낸 장난 같았다. 운명이 데려간 아버지의 시신을 이제 여기 와서 묻지 말고 우리가 되걸어온 강에 가서 물어보시오. 나는 이렇게 말하고 싶었고 나의 동반자는 돌아서서 한 번 더 우는 연습을 하였다. 그는 실제로 울고 있었다. 나약한 그 심장이 정말로 꿈틀거리며 비통한 얼굴을 내비치는 것이었다. 그날 우리는 산에 갔던 우리를 본 적이 없다. 나는 측은하게 너는 울먹거리며 서로의 얼굴을 뒤집어썼다. 우리의 내면이 너무도 충실하였으므로 나는 꼭 한 사람 같았다. 너도 마찬가지 얼굴을 뒤집어쓰고 걸어다녔다.

그 이불 속에서 흘러나간 한 사람의 얼굴이 생각나지 않을 때까지 강은 흐르는 속도를 멈추지 않았다.

그래, 그래, 몇 개의 록

하… 생활이 없다

 미안하지만, 대부분 시를 통해서 생활을 습득하고 있다. 그러고 보니 분실물이 많구나. 그렇게 많은 생활들이 단 몇 줄의 시를 충족시키지 못하고 사라져버렸다. 시의 가장 든든한 뼈대라고 추켜세워도 생활은 돌아오지 않는다. 미안하지만, 반복될 뿐이다. 바쁜 사람은 바쁘게, 힘없는 사람은 힘없이, 노는 인간은 이렇게도 지겹게 생활이 없다고 투덜대는 것이다.

글쎄,

울 때가 되었는데 눈물이 안 나온다는 것은
이 섹스가 지루하다는 증거다.
이 전쟁이 세간의 관심에서 멀어졌다는 증거이며
그래서 평화조약은 흐지부지 완성되어서
온다. 너무도 사무적인 전사통지서, 문학적인

결산보고서, 사적이면서 시적인 초대장.
"군복을 입고 오십시오."
"태극기를 들고 오십시오."
"머리띠를 두르고 오십시오."
"가능하면 오지 마십시오."

읽어보면 아무 상관도 없는 잡지들이
매 계절 나에게 온다.
우리 집에도 쓰레기통은 있는데.
올 때가 되었는데 심부름하는 녀석은
나가면서 나가는 이유를 잊어버리고
들어와야 될 때를 잊어버리고 나는 편지만 쓴다.
"반가운 전화를 기다리고 있습니다."
"꼭 와야 될 불길한 소식을 기다리고 있습니다."
"둘 다 한동안 방치되고 있습니다."

잠이 와서 우유를 마시고 더 잠이 오게 만들었다.
글은 그때 써야 한다. 이렇게 잠이 오지 않는 때를 대비해서.

나를 이해해주는 사람이 정말로 몇 되지 않아서
정말로 고맙게 생각하지만, 그들은 외롭다.

나 역시 대문을 열어놓고 도둑을 기다릴 생각은 없다.
그들이 다녀가면 꼭 폐허가 남는다. 이것저것 다 남겨두고
왜 자존심만 가져갔을까. 그게 돈이 되는 것도 아닌데
시가 되는 것도 아닌데 엿 바꿔먹을 처지도 아닌데
나는 잠을 참아가며 비품을 정리한다. 이것도 안 가져갔군.

값비싼 물건이 많아서 나의 사생활은 공개하지 않는다.
들통 날 거짓말이 많아서 내 뒷모습도 공개하지 않는다.
생각보다 무게가 덜 나가서 금으로 도금된 내 자존심도 공개하지 않
는다.
용케도 잘 찾아내지만 도둑 역시 금에는 관심이 없다.
금박지가 싸고 있는 알사탕에도 관심이 없다.
알사탕에 박힌 몽롱한 내 개성에도 관심이 없다.
그것은 꼭 자존심만 가져간다.

그리고 메모 몇 개

배가 고파서 오규원을 읽으며 먹었다. 김춘수는 잊어버렸으며 김구용은 더부룩하고 이성복은 화장실에서 물을 내리고 손을 씻었다. 비누칠하면서 몇 명을 더 생각했다. 김수영도 이따금 소리를 냈다. 남인수나

현인이 작고한 사실을 오랜만에 기억해내었다.

외로웠다. 자장면이 없어도 나는 충분히 탐미적이다. 무릎이 아파서 나는 자주 이론적으로 변한다. 허리가 안 좋아서 자백하는 방법을 잊어버렸다. 책만 열심히 읽고 있다면 글을 쓸 수 없을 것이다. 그렇게 썼다.
하루는 소설 쓰는 형이 찾아와서 김광석에 대해서 물었다. 전에는 조용필이 좋다고 말했다. 왜 죽었을까? 자살하는 이유는 '모든 것이 이유'라고만 들려주었지만, 그건 내 말이 아니다. 실비아 플라스의 친구이자 평론가가 썼던 책에 대해서 언급하였다. 그러고 보면 나도 형도 자살자의 피가 흐르는 집안의 장자들. 오래 살기 위해서 괴로워하는 생활 습관에서 담배가 빠지지 않는다. 연기가 빠지지 않는 대화.

시보다 시론이 더 풍부한 시인은 없다. 시론은 일종의 여유에서 나온다. 절박함에서 시가 나온다. 여유 없이 살다 가는 예술가들이 훨씬 더 많다. 그들의 속삭임과 부스러기들은 기적적으로 남는다.

나는 고백의 한 장르다: 그걸 못 벗어나고 있다. 나는 대화의 한 방식이다: 그것도 별거 아니더라. 나는 방치되고 있다: 옳은 말씀이다.

당신들이 그렇게도 좋아하는 단어를 쓰면 평론가들이 좋아한다. 당신들이 그렇게도 싫어하는 단어를 쓰면 평론가들이 알아듣지 못한다. 이

보다 더 멸시를 받는 방법은 쓰지 않는 것이다.

손에는 총을 들고 있다. 그는 아무도 해치지 않을 자세이지만, 그 자신만큼은 꼭 죽여야 될 이유를 가지고 있다. 마누라도 죽고 하나 남은 자식도 죽고 완전히 혼자가 되었을 때 그는 유쾌하게 총을 구입하러 갔다. 고전미가 물씬 풍기는 권총을 구입했다. 관자놀이에 총구를 대고 방아쇠를 당겨도 빗나가는 불상사를 방지하기 위해 석 달 동안 치밀하게 사격 연습을 하였다. 그리고 가장 가까운 거리에서 방아쇠를 당겼다. 가장 가까운 곳에서 기다리던 소리가 들렸다. 산도르 마라이. 그는 이 말을 남기고 태평양에 묻혔다. 그래서 나는 지루하지 않다고.

하늘과 땅 양쪽에서 잡아당기는 연기는 시가 될 수 없다. 늘어질 대로 늘어지는 문장이 시가 될 수 없듯이. 나는 고양이 울음소리를 흉내 내는 시인의 일기장을 안다. 밤에도 낮에도 그들은 시끄럽다. 최소한의 단어만으로 그들은 번식한다.

그 단어를 펜에 넣어서 뾰족한 문장을 쓰고 있다. 이따금 조각가의 목소리가 들렸다. 환상은 시간의 마모를 견디지 못하고 돌이 되어간다.

시보다 가계부 쓰는 일이 재미있어졌다. 그리고 느닷없이 발견한 장미는 탐스럽다. 어떤 색깔이든 오래 못 갈 것 같다. 벽에 걸어두면 마르고 말라서 내가 먼저 갖다 버릴 것이다. 지겨워지면 다른 글쓰기를 찾아 봐야 할 것이다. 가계부 다음엔 단골 술집에 가서 외상 장부를 쓰는 일이다. 아꼈으니까 이제 써야지. 그나저나 지금도 외상 장부란 게 있나? 골동품도 없는 집안에서 단어는 모자라거나 흘러넘치는 불편을 감수해야 한다.

이유 없이 글을 쓸 때가 가장 행복하다. 이유 없이 살다 가는 이유 앞에서 가장 홀가분해지듯이.

사투리와 방언

문학하는 사람들에게 중요한 것은
유령이 존재하는가 존재하지 않는가의 문제가 아니다.
유령도 사투리를 쓰는가 쓰지 않는가의 문제가 더 중요하다.
쓴다면 어떤 고향을 말하는 사투리일까?
유령 이전에 그가 태어난 곳?
혹은 그가 태어나기 전의 말씨?
그것은 어떤 사투리일까?
왜 미친년의 '방언' 과 촌놈의 '사투리' 가
교환되지 않는 걸까?

촌놈의 사투리는 방언이라고도 하는데,
왜 미친년의 방언은 사투리가 되지 않는 걸까?
가장 원시적인 단어들의 나열.
시니피앙만 남고 시니피에는 모조리 공포, 접신, 알 수 없는
저 세계의 의미로만 달아나버리는 이유는
우리가 촌놈을 멸시하는 것과 크게 달라 보이지 않는 선에서
이해할 수 있다.
잘 모르는 것은 방언이고 그것이 조금 더 만만해보일 때
우리는 사투리라고 부른다.

사투리의 원시적인 극대화가 방언이다.
미개인들의 소수언어가 사투리를 지나
극단적으로 기괴해질 때, 혹은 괴기해 보일 때
우리는 방언을 본다. 넋을 빼놓고
돌아서서는 그것을 번역해서 표현할 방도를 놓고
한참을 고민하는 것이다.

문제는 내가 어떤 언어를 쓰는가이다.
문학에서 사투리는 어느 순간 개인적인 방언으로
확대 전환이 될 때 근대문학다운 문학을 건설하게 된다.
작가의 개성을 첫 번째 표지로 삼는 근대문학 말이다.

내가 사투리는 배제하면서 방언에 몰두해야 하는
이유도 여기서 멀지 않다.
사투리를 지나가지 않더라도 반드시 지나갈 수 있는
지점에 개인의 방언이 놓여 있으니.
부산은 잊자. 갱상도도 잊자. 하물며 한반도쯤이야.
세계는 방언투성이다. 세계의 문학은 그 방언들이 건설한
이주민들의 두 번째 고향이다. 두 번째 고향은
도시의 색깔을 지닐 수밖에 없다.
도시에서 만난 어느 출신의 고향 선후배가 아니라
어느 날 문득 맞닥뜨린 어떤 놈의 어떤 기괴한 말씨에서
나는 다시 방언을 본다. 미친놈이 예술을 한다.
미친년이 시를 쓴다. 그러지 않고서야
우리는 표준어와 사투리밖에 모르는
혹은 동향과 그 밖의 출신을 구분하는 것밖에 모르는
지극히 정상적이고 배타적인 사회인이 될 것이다.

시간은 잘 간다

시가 다시 재밌어지기를 바라고 있을 뿐이다. 우리는 대단한 일을 하고 가는 사람들이 아니다. 지구 표면을 잠시 살다 가면서도 지구를 파

괴한다는 과대망상증에 시달리는 종족 중에서도 아주 사소한 일족이다. 시보다 삶이 더 중요하다는 말, 낮에 읽은 시집의 자서에 나온 그 말에 점점 더 동의한다. 특별한 말은 아니지만, 틀린 말은 아니고, 예사로 넘길 말도 아니다. 시간은 잘 간다. 잘 살다 가야지. 안 그래? 못난이 친구들.

금연일기

작품이 될지 안 될지 모르겠지만, 금연일기라는 걸 써보고 싶었다. 금연일기라? 글자 그대로 풀이하면 연기를 끊는 하루하루의 기록일 텐데, 연기가 어디 그리 쉽사리 끊어지는가. 물과 더불어 연기는 제 수명을 다할 때까지 흐름을 멈추지 않는다. 지치지 않는 연기는 지치지 않는 끽연가를 만들어낸다. 연기가 지치기 전에 끽연가가 먼저 지치겠지만, 그 역시 수명을 다해서 연기를 피워대기는 마찬가지다.

담배. 강물의 시원(始原)이 어느 산골짝의 작은 샘물이듯이 내가 뿜어내는 연기는 당연히 내 입에서 발원한다. 담배. 출처는 분명한데 끝을 종잡을 수 없는 연기의 뜨거운 연료를 나는 지금도 아쉬워하며 글을 쓴다. 한 대 태우고 다시 시작해볼까?

담배. 내 손과 입이 만들어내는 연기의 보다 정확한 출처. 연기는 한번 시작하면 멈춤이 없다. 사라질 때까지 제 소임을 다해서 날아가고 흩어져가는 그 길에서 길목이라는 개념은 없다. 노래처럼 끊어 부를 수 있는 마디도 존재하지 않는다. 시작하면 끝까지 가야 하는 이 운명을 거스를 수 있는 유일한 방법은 그 시작에서 찾아야 한다. 담배.

 담배를 끊을 수 있을까? 약물에 중독이 잘 되는 인간일수록 부질없는 질문만 계속할 따름이다. 담배를 끊지 않고 살 수 있을까? 간혹 끊지 않고 멀쩡히 잘 사는 사람도 있다. 천수를 누리다 가는 그들과 달리 내 몸은 담배에 몹시도 취약한 유전인자를 물려받았다. 가계도를 살펴보고 판단한 사실이다. 아버지도 그랬고 큰고모도 그랬다. 그리고 사촌형도.

 아버지와 큰고모, 두 사람 다 이십 년간 담배를 태우다 가셨다. 딱 이십 년만 담배를 필 수 있는 몸을 물려받은 두 사람은 딱 이십 년을 채우고 둘 다 식도암으로 돌아가셨다. 암에 시달리는 몸은 연기와 달리 가뿐하게 사라지지 않는다. 본인도 그렇고 곁에서 지켜보는 사람도 괴롭다. 고통의 끝까지 쥐어짠 다음에야 암세포는 사라진다. 비쩍 마른 주검과 함께.

 사촌형도 담배를 태운 지 십수 년 만에 의사로부터 금연을 강요받았다. 담배를 끊지 않으면 앞으로 벌어질 일에 대해서는 사촌형도 잘 알 것이다. 그리고 나도 잘 알고 있다. 대학교 1학년부터 태웠으니까 십육 년이 넘는 시간을 담배와 더불어 살아왔다. 친가 쪽의 혈통을 충실히 물려받았다면 나 역시 몇 년 안에 담배를 끊어야 살 수 있다. 장수는 아니더라도 최소한 너무 일찍 죽었다고 애석해할 나이는 지나야 하지 않을까. 아니다. 공포는 나이에 상관없이 찾아온다. 언제 죽느냐보다는 어떻게 죽느냐의 문제가 더 크다. 아버지처럼 큰고모처럼 고통에 시달리다가 죽기는 싫다. 생각만 해도 공포스러운 그런 죽음은 죽기보다도 싫다.

문제는 담배다. 담배가 아니라 공포다. 죽음에 대한 공포. 암에 대한 공포. 그럼에도 문제는 담배다. 그가 지금으로서는 나의 동반자이기 때문이다. 내가 아니라 내 시의 무시할 수 없는 동반자이기 때문이다. 담배 없이 이 글을 쓸 수 있을까. 담배 없이 시를 쓸 수 있을까.

커피와 담배처럼 절친한 사이. 마약과 환각처럼 불가분의 관계가 다시 담배를 태우게 만든다. 담배는 몽롱한 용기를 일깨워준다. 새벽에 커피 한 잔 그리고 담배 한 대. 그리고 잔뜩 주눅이 들어서 건드리지 못한 글이 내 앞에 남아 있다. 이 글을 끝내기 전까지 또 얼마나 많은 담배가 동원되어야 할까. 또 얼마나 많은 연기가 방 안을 빠져나가서 사라질까.

연기는 수명이 다할 때까지 사라져간다. 작가도 시인도 수명이 다할 때까지 쓰다가 간다. 남는 것은 담배꽁초다. 이걸 가지고 고매한 문학정신이라고 불러도 좋고 쓰레기라도 불러도 좋다. 여기 없는 자에게는 아무런 상관도 없는 평가. 그러나 그는 그 평가에 연연해한다. 담배를 태우면서 술을 마시면서 마음을 가다듬으면서 때로는 거의 자포자기하면서 자신의 문학이 어떤 대접을 받는가 신경을 쓰고 또 쓴다. 죽는 순간까지 게임은 계속된다. 사라지는 순간까지 연기는 끊어지지 않는다. 여기 있는 자에게는 그 자체가 하나의 평가다. 연기는 사소한 바람에도 영향을 받는다. 살아 있는 순간 그는 언제나 방향을 튼다. 모든 것이 장애물이면서 하나의 동기가 된다. 너는 이제 어디로 갈래?

연기처럼 정처 없는 이 글이 단 하나의 목적을 가진다면 재미없는 일이겠지. 적을 말하면서 나는 자꾸 동반자를 말하고 있다. 새벽까지 쓰는 이 외로운 시간, 내 글의 유일한 동반자는 담배연기다. 담배가 없으면 똥도 못 누고 담배가 없으면 밥을 먹은 것 같지도 않고 담배가 없으면 답답한 마음을 하소연할 곳도 없다는 생각에서 많이 자유로워졌지만, 내가 쓰는 내 글만은 어쩌지 못하고 담배를 찾는다. 내가 찾는 것인가, 내 글이 찾는 것인가? 누가 찾더라도 반드시 등장해야만 쓸 수 있는 글, 혹은 시. 담배 없이 나온 문장은 그래서 무언가가 빠진 느낌이다. 문법에는 맞지만 부자연스러운 글, 문법과 상관없이 자유로운 글. 둘 중에서 하나를 택하라면 담배는 당연히 후자를 택한다. 마치 연기가 장애물을 비껴가듯이 문법을 비껴가는 문장. 이것이 없으면 관공서에나 줘버려야 될 문장. 학교에서나 다시 다듬어야 될 문장. 흡연이 합법적인 공간은 갈수록 줄어들지만, 연기가 만들어내는 문장이 불법인 곳은 어디에도 없다. 시가 닿는 곳이라면 연기는 어디든지 가서 훼방을 놓는다. 질서와 규칙과 법률과 그리고 우리의 상식을.

담배는 맛있고 연기는 자유롭고 이 글은 주제를 벗어나고 있다. 원점에서 다시 시작하려면 담배에 다시 불을 붙여야 한다. 매번 달라지는 담배연기를 다시 마시고 내뱉어야 한다. 담배는 쓰고 연기는 자욱하다. 연기가 숲을 이루면 매캐한 숲을 헤치고 한 문장씩 격전을 벌이는 장면이 튀어나온다. 적군과 아군의 구분이 불가능한 전투. 연기는 연기와 몸을 섞는다. 동지와 적이 서로 내통하는 사이 동지가 적이 되었는가 적이 동지가 되었는가 따져 묻는 것은 무의미하다. 그것은 대체로 한꺼번에 온다. 덩어리째 온다.

　글을 쓰게 하면서 몸을 지치게 만드는 것. 몸에는 해로우면서 글에는 끊임없이 동력을 제공하는 것. 결국엔 더 이상 글을 못 쓰게 만드는 것. 서서히 요절의 나이를 넘어가는 내 시는 이제 길게 보고 써야 하는 시기를 준비해야 하지만, 당장 눈앞에 밀린 원고만 해도 몇 보루의 담배는 더 필요할 것 같다. 잠시 쉬었다 가자.

　이 권태를 이기기 위해 담배가 필요하다. 이 답답함을 뚫어주기 위해 담배가 필요하다. 글이 안 될 때도 담배가 필요하고 글이 잘 풀릴 때도 담배는 어김없이 초대를 받는다. 이 향연에서 빠질 수 없는 인물이 들고 온 지참금 중에는 또 어떤 연기가 숨어 있을까? 나는 그 연기의 끝을 본 적이 없다. 그는 고향만 있고 죽는 곳이 없다. 그의 고향은 항상 여기가 아니다. 그러므로 움직인다. 모두가 움직인다. 혼신의 연기를 다해.

정익진

시_ 핸드프린팅
   頭象

산문_ 여기, 그리고 무한한 저쪽

1997년 《시와 사상》으로 등단.
시집 《구멍의 크기》《윗몸일으키기》.

핸드프린팅

마르지 않은 시멘트 바닥 위를
물구나무서서 걸어다니는 사람들

전선과 전선, 파이프와 파이프
손과 손의 커뮤니케이션
아, 여보세요. 아아, 잘 들리십니까
아직까지 당신의 귀에 내 손이 잘 붙어 있습니까

무대를 향해 끊임없이 명령을 날리는
연출가의 손과 오케스트라 지휘자의 손
그들의 손엔 날개가 달려 있다

터치 미, 터치 미
여자의 가슴을 슬그머니 움켜쥐려는 남자의 손
남자의 뺨에 찍힌 여자의 손자국,
가끔 그는 여자의 양볼을 움켜쥐고 웃는다
내 어깨 위에 여섯 사람의 손이 얹혀 있다

더 이상 기도를 하지 않는 손, 또한
심연으로 가라앉는 손과
기억력이 제거된 손,
비밀을 간직한 그리고
가만히 있으면 불안해하는
차마 하지 못할 일을 저지른 손들

내 어깨가 더욱더 무거워진다

내 손자국이 찍힌 동전이 바닥났다
얼마나 더 많이 만들어야 할까

세상 곳곳에 스며든 나의 손자국들
나의 등짝에 깊이 새겨진 너의 손자국에서
핏물이 돋는다

頭象

머리가 벽을 향해 보고 있다
머리가 식탁 아래에 떨어져 있다

모래사장 위에 떨어진 머리 하나
바다를 바라보다 천천히 고개를 돌려
나를 쳐다본다

나?
…
…
…
어디선가 다가오는 열차 소리,

철로 위에 놓여 있던 머리가
천천히 고개를 돌려 이쪽을 쳐다본다

왜?

고개를 돌려 지구 밖을 바라본다

텅 빈 머리들
달에서 떨어지는 머리 하나

머리가 구두를 앞질러 가기 시작한다

나를 쳐다보던 머리들이
천천히 고개를 돌린다. 뒹구는 신발들

볼링핀을 향해 굴러가는 머리
머리가 좋고 나쁨은 탄력성이 아니라
흡수력의 문제이다

내가 뒤돌아보는 사이
나의 머리 위에서 뒤돌아보는 나의 머리

여기, 그리고 무한한 저쪽

생맥주, 썬더치킨, 보테로

최근에 전화로 주문해서 먹어본 치킨 집 중에 '닭대가리' 와 썬더치킨 (thunder chicken)이 있다. '닭대가리' 는 남포동 골목에 있는데 메뉴 중에서 마늘 양념한 치킨이 특이했다. 처음 이곳 치킨 집의 간판이 영어로 'dakdaegari' 이렇게 되어 있어 뭐, 영어 단어인 줄 알았는데 가만히 읽어보니 우리말 '닭대가리' 이었던 것이다. 썬더치킨은 우리 동네 송도 부산은행 골목에 있다. 천둥번개에 튀긴 치킨이란 말인가? 이 치킨 집은 배달을 안 해주는 대신 가격이 좀 싸다. 한 마리에 7900원이다. 여기에 양념 소스 하나에 300원 해서 8200원에 닭 한 마리 먹을 수 있다. 평소 생맥주에 치킨을 좋아한다. 웰빙음식과는 거리가 먼 치킨과 생맥주는 실제로 건강에 그리 좋지도 않고 살도 많이 찐다. 하지만 어쩔 수 없다. 중독성이 있는지 적어도 이 주일에 한 번씩은 먹어줘야 한다. 술을 좋아하고 잘 마시는 편인데 차가운 생맥주를 포함하여 맥주를 가장 좋아한다. 포도주도 좋다. 그러나 포도주를 맥주 마시듯 마실 수는 없다. 포도주는 비싸다. 그래서 빨리 취하기 위해서는 맥주에 소주를 적당히 섞어 마셔야 한다. 몸에 열이 많아 그런지 차가운 수분공급이 원활하게 되지 않으면 스트레스를 받는다. 또한 사계절 하루도 빠짐없이 샤워를 하는데 특히 여름에 차가운 물로 샤워를 해서 몸을 식혀주지 않으면 큰일 난다. 올 여름은 유독 더울 거라는데 벌써부터 걱정이다. 그리고 건강을 생각해서 기름진 음식도 줄이고 술도 좀 덜 마셔야겠다.

생맥주, 치킨, 탕수육, 팔보채에 양장피…
그래, 난 계속 살이 찌고 있어.
여기서 더 뚱뚱해진다면 열기구를 함께 타야 할
동료들이 극도로 불안하겠지.

배가 불룩하게 나와 위에서 내려다보면
발이 보이지 않을 만큼 되어야
사장님, 회장님 소릴 들었지.

그러지 않아도 더운데,
등까지 흠뻑 젖어가지고는… 여기요,
팥빙수 큰 것 주시고요. 아이스크림 한 박스요.

보테로가 그린 그림들 어땠니? 봤어? 뚱뚱함의
미학이란 것이 얼마나 엉뚱한지를.

코끼리보다 더 부푼 엉덩이들 혹은,
수박보다 뚱뚱한 모과, 어디가 엉뚱해졌는지
눈치 챘니?

짤막하고 통통한 손가락으로 이쑤시개를 쥐고
생선 눈알을 파먹는 그의 모습, 정말 귀엽지 않니?
입술은 콩알만 해가지고 말이야.

오늘 밤, 파티가 있어. 갈비씨들은 절대 입장금지
오호, 뚱뚱남을 위한 패션쇼, 엉뚱녀들의 스트립쇼
놓칠 수가 없지. 오, 베이비, 오우,
유아 소우 섹쉬, 투나잇

―정익진, 〈포만의 세계〉,《윗몸일으키기》

보테로의 그림들이 지금 덕수궁미술관에서 전시 중이다. 처음 보테로의 작품을 대한 것은 1996년 11월 경주 선재미술관에서였다. 상상을 초월하는 그의 풍만한 작품 세계에 압도당하며 동시에 인체를 최대한 홀쭉하게 조각하는 조각가 자코메티의 작품들이 떠올랐다. 흥미로운 비유다. 육신의 군살을 남김없이 덜어낸 자코메티의 조각은 극한의 상태에 선 인간의 고독한 내면을 드러내면서, 고도로 정련된 정신세계를 보여준다. 뜯어내는 작업에 혼신의 힘을 다함이다. 반면 보테로의 그림이

나 조각은 뚱뚱함의 미학을 추구한다. 과장된 양감(量感)을 강조하는 풍만한 형태의 인물 작품으로 20세기 유파와 상관없는 독자적인 작품 세계를 추구한 신구상주의 화가로 평가된다. 또한 과장된 풍만함은 파르미자니노가 사람을 길쭉하게 늘려 그리거나, 모딜리아니가 유달리 목을 길게 그려 변형을 가한 것을 떠올리게 한다. 보테로의 회화나 자코메티의 조각에 등장하는 인물들을 애니메이션 캐릭터로 만들어본다면 어떨까 하는 생각을 해보았다. 1996년 선재미술관에서 구입한 보테로의 화집에서 그가 한 말들을 발췌, 인용해본다.

큐비즘은 열려 있는 하나의 큰 창문이다. 이 창문을 통하여 우리는 공동체의식으로 파괴된 개인주의를 이해한다. 피카소는 자신의 형상들을 통하여 모든 것을 통합하였다. 세계, 가장 섬세하고 가장 모호한… 그리고 조용한 천재성으로 그의 각각의 시기는 서로 연결된다. 어둡고 격렬하고 저돌적인… 그리고 거대한 기념비적이고 감각적인…. 피카소라는 단 한 사람 안에 많은 것들이 연합하여 있다.

피카소가 그렇게 위대한가? 얼마 전에 앤서니 홉킨스가 피카소로 분한 영화 〈피카소〉를 보았는데 건방지기 짝이 없는 인물로 묘사되었었다. 천재들은 모두 건방진가?

나는 시인으로 시작하여, 캔버스의 색채와 구도를 구성할 때는 화가로, 그리고 작업을 끝낼 때에는 조각가가 되어 형태를 어루만지며 기쁨을 느낀다… 나는 여러 가지 사물들을 형식적인 이유 때문에 사용한다. 만약 내가 추상화가이었다면 필요한 부분에 하나의 선을 긋거나 한 점의 색을 찍었을 것이다. 구상화가로서 나는 특정한 형태나 색채를 가지고 표현하기 위해서 실재적인 사물을 필요로 한다. 나는 뱀이 형태의 변화에 가능성이 많고 갖가지 색으로 표현할 수 있기 때문에 뱀을 좋아한다.

김수영 스터디클럽, 김수영의 번역물

'거대한 고민' 이라는 말을 들었을 때
한 번도 거대한 고민을 해본 적이 없었던 나로서는
참 부담스런 말이었다. 거대한 고민을 해보지 않고서는
제대로 된 시인이 되지 못할 것 같았다.
'시여, 침을 뱉어라' 라는 말을 들었을 때
내 입 안 가득히 침이 고이는 것을 느꼈다.
그리고 시가 침을 어떻게 뱉는지 알고 싶었다.
'반시론' 을 산문집 목차에서 보았을 때는,
'시와 반시' 가 자꾸 떠올랐다. 동료 시인들과
그곳 행사에 몇 번 참석한 적이 있다.

김수영의 트레이드마크로 여겨지는
삐딱하고 퀭한 눈동자와 난닝구를 입고 있는 사진은
언제 봐도 인상적이다.
난닝구를 며칠째 입고 있었을까.
그의 시집과 산문집 외에도 김수영의 번역 산문도
대할 수 있어 이채로웠다. 1960년도식이라
한자가 많고 번역도 난해하고
세로로 된 활자에다 글씨마저 깨알만 하다
읽어내기가 만만치 않다.

"비포장도로 위를 달리는 트럭 같아요. 엉금엉금 포복하는 기분이 들어요"
"그에 비하면 파란 표지 산문집은 아스팔트 위를 달리는 오토바이죠"

    1) 자꼬메띠의 지혜—그의 마지막 방문기(칼톤 레이크)
    2) 쾌락의 운명—워즈워드에서 토스토에프스키까지(리오넬 트릴링)
    3) 제스츄어로서의 언어—시어의 기능에 대하여(리차드. P. 부락머)

때론 연구자료로서의 가치를 지닌 그 번역물 자료의 내용보다
페이지 중간 중간 어울리지 않거나 촌스럽게 편집된
60년도식 광고문구들도 재미있다.

―최신통경약 오이베린 당의정: 월경불순, 월경이상, 월경통,
　　　무월경, 포발월경, 불임병, 냉증, 피로회복, 히스테리
　　―헤모구론은 한 알 한 알이 붉은 피를 만들어서 장밋빛
　　　두 뺨에 아름다운 매력과 건강을 약속합니다.

　그곳 북카페(백년어서원)에서 매주 우리는 만난다. 2층 창문 밖은 인쇄소 골목이다.
　우리는 그의 시와 산문을 낭독한다.
　비가 내리면 좋겠다는 생각을 가끔 했다. 우리들 사이에 놓인
좁다란 테이블 위에는 커피 잔들, 오늘의 특별메뉴 케냐커피의 향기,
토스트에 사과잼, 두꺼운 책들과 스푼과 필기도구들,
뭐, 이런 것들로 빽빽하다. 간간이 터지는 가벼운 웃음들,

땅바닥에 붙은 껌처럼 좀처럼 떨어지지 않는
김수영의 문장들, 책속에 붙은 껌을 떼서 씹어가며
되새김질해가며,

　　……현대시는 이제 그 '새로움의 모색'에 있어서 역사적인 경간(經間)을 고려해 넣지 않으면 아니 될 필연적 단계에 이르렀다. 연극성의 화해를 떠받치고 나가야 할 역사적 지주는 이제 개인의 신념이 아니라 인류의 신념을, 관조가 아니라 실천하는 단계를 밟아 올라가고 있다.

그리고 이러한 실천은 윤리적인 것 이상의, 작품의 image에까지 강력한 여향을 끼치는 보다 더 근원적인 것으로 되어 있다. 현대의 순교가 여기서 탄생한다. 죽어가는 자기를 바라볼 수 있는 자기가 아니라, 죽어가는 자기―그 죽음의 실천―이것이 현대의 순교다. 여기에서는 image는 바라볼 것이 아니라, 자기가 바로 image이다. 이러한 의미에서 그것은 image의 순교이기도 하다.

 연극⋯⋯ 구상⋯⋯⋯ 이런 것을 미워하기 시작하면서부터 나는 다시 추상을 도입시킨 작품을 실험해보았지만 몇 개의 실패작만을 내놓고 말았다. 그러고 보면 아직도 drama를 포기할 단계는 못 된 것 같으나 되도록이면 자연스럽게 되고 싶다는 것이 요즈음의 나의 심정이다. 현대의 의식의 위기를 극복하는 길은 어디까지나 common sense와 normality이기 때문이다.

―김수영 산문집, 〈새로움의 모색〉에서

 시의 '뉴 프런티어' 란 시가 필요 없는 곳이다. 이렇게 말하면 벌써 예민한 독자들은 유토피아를 설정하고 나온다고 냉소할지도 모른다. 그러나 시 무용론(無用論)은 시인의 최고 혐오인 동시에 최고의 목표이기도 한 것이다. 그리고 진지한 시인은 언제나 이 양극의 마찰 사이에 몸을 놓고 균형을 취하려고 애를 쓴다. 여기에 정치가에게 허용되지 않는 시인만의 모럴과 프라이드가 있다. 그가 사랑하는 것은 '불가능' 이다.

연애에 있어서나 정치에 있어서나 마찬가지. 말하자면 진정한 시인이란 선천적인 혁명가인 것이다.

그리고 우리들의 적은 한국의 정당과 같은 섹트주의가 아니라 우리들 대 이여(爾餘) 전부이다. 혹은 나 대 전 세상이다.

우리들은 보다 더 유치하고 단순해질 필요가 있다. 시의 무용론(無用論)을 실감할 수 있을 때까지 우리들은 우리들을 무(無)로 만드는 운동을 해야 한다. 뉴 프런티어는 그 뒤에 온다. 쉽고도 어려운 일이 이것이다.

— 김수영 산문집, 〈시의 뉴 프런티어〉에서

소개할 김수영의 복사물 번역 자료들은 오래된 것이다. 거기에다 세로쓰기에다 글자도 작고 한자도 많은 데다 옛날식 번역이라 읽어나가기가 비포장도로를 달리는 것처럼 좀 고역스러웠다.

〈현대시의 기질〉
 1. 보들레르, 말라르메, 발레리의 전통적인 시의 "아름다운 용어"에 대한 공격 개시
  ➡ 상아탑의 종언, 형형색색의 인공적 낙원의 거부, 시의 은둔자가 있을 수 있다는 환상의 거부

―시는 모든 인간 생활에는 존재하지 않으며 시의 가능성조차 말살되어버리는 진정한 의미를 변장시키는 최고의 사기술이다.

　2. 진정한 시는 무시(無詩)와 반시(反詩)가 되지 않으면 안 된다. (조르주 바타유)
　―시의 증오가 그의 함성이 될 것이다.
　―문학에서의 공포는 초현실주의 전성기 동안에는 보수적인 외부세계, 이성적인 의식, 전통적인 도덕, 사회 구조의 부여된 어떤 현실의 가치를 공격
　―오늘날에 와서 제휴하고 있는 존재의 오점이 바로 언어에 있다는 것을 탐지
　➡ 공격은 표현도구인 언어 그 자체로 옮겨감

　3. 문학적 테러리즘은 랭보나 브르통이 믿고 있던 로고스나 상상력의 장점을 아낄 수 있을 만한 환영조차 가지고 있지 않음
　➡ 무(無)에 굴복함으로써만 비로소 그의 구제를 발견하는 반 낙원을 축하
　자구주의는 진부한 사물의 세계와 사기적인 언어의 세계를 동시에 공격 목표로 삼는 극단적인 현상
　―자크 프레베르의 반항적인 몸부림
　―앙리 미쇼가 커다란 암흑기에 대항하기 위해서 만들어낸 환상적

광경
　- 장 타르듀의 산문적인 조제
　- 오디베르티의 공동적인 미사여구
　- 크노의 조롱과 익살 광대짓

레이몽 크노의 시에 있어서 풍자는 부르주아 사회의 관습에 대해서보다도 시 언어의 수상한 사용에 대해서 더 많이 던져지고 있다. 여기에서 반항은 불합리한 세계의 한가운데에 살아남아 있기를 주장하는 예술의 존재와 그의 모순된 자부를 상대로 하고 있다.

희화적인 효과와 익살맞은 무언극에 관해 노련한 솜씨를 가진 풍자시인 크노는 종교의 상태에 대하여 조소를 퍼붓고 있다.

4. 시적 언어만이라도 회복하려는 반동이 대전 중에 일어남
➡ 상속받은 언어와 그의 수정되고 의고된 평범한 말씨와 허무주의자의 반항이 문제 삼고 있던 문학예술에 대한 존경을 회복하는 일
　장 폴랑: 문학에서의 공포를 명명한 예리한 비평가
　- 하지만 그 공포의 형이상학적 근거와 현대의 테러적인 시가 계승하고 있는 허무주의의 이론적 전제와 사회사적 정당성에 대한 도전을 주의 깊게 회피
　- 윤리적이며 정치적인 본질을 가진 주요한 문제는 접근하지 않음으로써 수단은 원하지 않고 목적만을 가짐

5. 그 밖의 일부 시인들의 경우 사악한 사회제도, 자연의 기계학의 맹목성에 의해서 격하된 인간을 부활시키려는 문제가 주요시됨
  ― 귀족문학의 형태적 교묘성과는 대조적인 입장에 서 있다.
  ― 허위적인 인간질서와 그것을 반영하는 위조언어에 대한 풍자를 시골사람이나 무산계급의 독기를 띤 변두리 방언으로 성취시키고 있다.

6. 우리들의 시대에 있어서 구제의 신념은 초월론적인 직관 위에보다는 자연적이며 인간적인 현실의 수락 위에 더 많은 기초를 두고 있다. 극좌적인 시의 속심 속에 있는 반(反)허무주의 외에 실체론적인 반(反)허무주의라든가 현실주의자의 반(反)허무주의 운동이 또 있었다. 이 운동은 허무주의적 공포에 의해서 농락을 당한 표현수단에 대한 우리의 존경을 회복하기 위한 목적이 아니라 언어연구의 흥미 위에 세계와 인간의 생존경험에 대한 진정한 존경을 부가하고 있다.
  ➡ 시인이 퐁주와 같은 혁명적 마르크시스트이건, 장 폴랑과 같은 전통적 지방인이건, 르네 샤르와 같은 자유주의 휴머니스트이건 간에 그들은 모두가 현실세계의 재발견과 감각적 지각과 자기의 세계 안에 포함되어 있는 사물과 더불어 인류 동포에 대한 예술가의 도덕적 책임 위에 중점을 두고 있다.

7. 랭보가 표시한 두 개의 모순된 정형
  ― 진정한 생은 다른 곳에 있다

―우리들은 출발할 수 없다

➡ 이때부터 프랑스 시뿐만 아니라 전 유럽의 시의 방위가 역전되고 있다.

8. 우리들은 우리들 자신을 사물에 전사하지 않으면 아니 된다. (퐁주)
밀폐된 사회에 대항해서 편들고 있는 그의 그 '드높은 이곳'의 수락, 사물에 대한 그 개방성 우주나 혹은 신성한 존재에 대한 그 위험한 자아의 양도는 기독교적 신념을 가진 일부 시인들 사이에서도 역시 반향을 주고 있다.

―신 플라톤 철학의 정통, 성 오거스틴의 이원론, 성 폴의 철저한 초월론적 방위를 거부

―우리들 사이에서 영원히 환생되는 지상의 인간적 존재인 진정한 아브라함에 대한 탐구에서 출발한 승직이 없는 승정 장 그로스장의 강력한 시의 취지이다

9. W. C. 윌리엄스에 있어서와 같이 르네 샤르에 있어서도 시인의 사명은 은유를 통해서 사람과 돌을 화해시키는 일이다. 헤라클레이토스의 제자인 샤르는 언어창조의 행위에 있어서 피차가 부활되는 세상과 인간의 관계를 조장하는 정신적 수단으로서 시를 강조한다. 시는 바로 이 화해가 이루어지는 장소다. 진실을 털어놓기도 하고 숨겨두기도 하는 인간 언어의 다루기 힘든 기적을 통해서, 가끔 사람과 대지 사이에

화해가 생긴다.

본질의 화신의 건축으로 규정되는 시는 사람들을 격하 격리시키는 공리적인 착취로부터 다시 찾아온 자연과 보다 더 자유로운 인간의 자아를 결합할 것이다. 그러나 그러한 목적은 다만 시인이 인생과의 쓰라린 결혼에 대한 전적인 책임을 수락할 경우에만 달성될 수 있다. 즉, 미의 정상적인 기능은 우리들의 암흑의 다발 속에서 발화되어야 할 것을 방화하는 일이다. 그는 시의 모순 속의 일치, 맞부딪치는 질서라고 규정한다.

10. 샤르가 인간의 창조인 시를 승격시켰다면 퐁주는 그의 창조에서 사물의 중요성을 주장

─사물의 지배를 통해서 재건하고자 목적하고 있는 것은 인간

➡ 인간의 세계를 구성하고 있는 이와 같은 복잡성과 잠재적인 생명력을 명시함으로써 그는 우리들에게 도덕적 교훈을 준다.

─비천한 물체에 지나지 않는 것들을 맑은 동정과 열성적인 통찰의 노력을 통해서 기운차게 만드는 그는 사람들이 진정한 뜻있는 세계를 회수할 수 있도록 풍경을 교화하고 있다.

─시인은 사상이 아니라, 물체를 시현하지 않으면 안 된다. 즉 시인은 사상에까지도 물체의 자세를 씌우지 않으면 안 된다는 말이다.

도전이란 나의 피부도 나의 피도 담당할 수 없는 평정과 인간성과 관용을 표시하는 몇 줄의 시를 쓰는 일. 위신을 말하는 사람은 책임을 말한다. 나는 나의 시가 치밀하고, 어렵고, 수정되고. 내일까지 연기되기

를 원한다, 형태. 즉 내가 쓰고, 주저하고, 삭제하고, 수정하기 위해서 취하는 수고는 내가 살인적인 오늘에 반대할 수 있는 가장 안전한 방패를 구성한다,

 시, 분석을 먹고사는 성실. 시 모든 해결을 부인하는 데에서 오는 너무나 안이한 해결을 수납하지 않는 회의론, 시 가장 완전한 카오스 위에 가해지는 잔혹한 훈련…완성. 너는 나의 교수대 그리고 너는 나를 구한다. 결국 지금까지의 암호를 대신하는 법칙은 이것이다. 새로울 것,

 11. 19세기 말 미학적 유산의 자취를 가장 깊이 남기고 형태적인 완성에 전심하고 있는 현대 프랑스 시인들
 생 존 페르스 : 전후 작품을 통해 우주와 모든 인간을 포함하는 역사적 모험의 비극적인 광채를 축복. 고독한 낭만적 염세주의의 종말. 여기에는 모든 것이 유형과 종으로 됨. 이성의 위대한 사업을 예언하면서 인간의 신제국의 도래를 전하는 서사시에서는 세계와 역사가 주역
 ➡ 페르스의 수사학적 장엄성은 폴 클로델과 랭보와 로트레아몽을 넘어선 고전적 웅변의 근원에서 따 온 것이라면 이브 본푸아의 시는 엄격하고 냉정한 말라르메의 전통의 완성이다. 그는 언어 그 자체에 대한 숭배와 순수시에 대한 예찬을 피함. 언어의 힘을 실현하면서도 용감한 명료성을 가지고 사멸과 소멸에 의한 위험을 받고 있는 시적 한계성을 인식
 되살아와야지만 비로소 그 자신을 알 수 있는 화염처럼 언설의 힘은

그것이 자기 자신을 주장하고 있는 바로 그 순간에 사형 선고를 받는다. 그것은 존재에 접근하지는 못한다. 그것은 긴장이며, 순수한 스타트이며, 따라서 실현될 수 없는 영원성을 향해서 움직일 때에는 인간의 의식 그 자체처럼 반드시 멸한다.

이브 본푸아: 실존적 정신적 모색, 그의 시는 모두 의식과 죽음의 절박한 순간과 충돌을 목격, 하지만 현재까지 본푸아 작품은 희망과 도전과 패배의 파악을 포함한 고민에 휩싸인 불명료한 질문 그 자체에 그치고 있다.

12. 우리들의 세대에 책임 있는 시의 소리는 이렇게 말하고 있다.
ㅡ낮은 밤을 돌파한다, 그것은 매일의 밤 위에서 승리를 거둘 것이다, 오 우리들의 힘이여, 우리들의 영광이여
그대는 사자(死者)들의 장벽에 구멍을 뚫을 수 있을 것인가?

선 플라자 408호, 국도예술관, 시립미술관

약 6, 7개월 전에 국도 클래식 음악 동호회(선 플라자 408호)에 가입, 온라인으로 음악 소식이나 정보를 수집하고 한 달에 한 번 오프라인으로 동호인들을 만나 함께 음악을 듣는다. 프로그램은 매달 두 번째 토요일마다 각각의 회원들이 돌아가면서 진행한다. 지난 1월에는 나의

차례가 되어 프로그램을 맞게 되었는데 주로 로드리고, 줄리아니, 알베니즈, 카룰리 등등 스탠다드 클래식 기타음악을 뽑아 모임을 진행하였다. 이중 존 윌리엄스가 연주한 영화 〈디어헌터(Deer Hunter)〉의 삽입곡인 〈카바티나〉를 들으며 영화 속 장면을 떠올려본다. 주인공인 로버트 드니로가 월남전에서 귀국, 고향으로 돌아와 조그마한 모텔에 머물며 철강도시(?)의 야경이 펼쳐지는 창밖을 바라보며 말할 수 없는 회한에 잠기는, 그 장면이 인상적이었다. 정기모임에서는 주로 클래식 음악을 듣지만 번개 모임을 틈타 월드뮤직, 재즈, 뉴에이지, 아트록과 같은 다른 장르의 음악도 다양하게 듣는다.

카페 ON :

1. 강경옥 : 09.07.15 15:07 답글

동료들 반은 휴가가고 조용한 사무실, 창밖에는 비가 오고, 마티아스 괴르네의 6월 신보로 나온 슈베르트 에디션 중 크리스토프 에센바흐의 반주로 〈아름다운 물레방아간의 아가씨〉 전곡 듣고 있습니다. 그레함 존슨이나 알프레드 브렌델과 녹음한 다른 슈베르트 에디션과는 조금 차이가 있는 듯하네요. 정만섭님 왈 "물오른 연주"라 하는데… 괴르네의 슈베르트 에디션은 모두 구입하고 싶은 마음입니다. 지금은 몇 장밖에 없지만 언젠가는… 정말 진지하고, 학구적이고, 깊이 있는 연주자 → Ich libe dich

강경옥 09.07.16 14:18

그의 노래만 듣고 짝사랑 하다가… 얼굴 보고 마음을 접었다네… 확인취소

텍스티콘 비밀메모 0 / 600bytes

최영락 09.07.16 11:57

괴르네… 넘 짝사랑하시는 거 같아요. ㅎㅎ

2. 태어나 만들어지고 다듬어진 천재여…

글쓴이: 조희영 조회수: 51 08.04.21 17

'직업적 고독 없이 위대한 일을 이룩할 수는 없다…
진정한 위대함은 아마도 눈부시게 빛나는 고독일 것이다.

죽음을 두려워하는 사람들은 이따금 소심해진다.
그러나 죽음은 사람이 내부에 지니고 있는 생명과 이상에 따라
받아들여야 하는 숭고한 존재일 뿐. 인생이라는 이 '슬픈 체류'는
사람들이 받아들이기 원하지 않는 커다란 고난의 시기에 불과하다.'

—지네트 느뵈(Ginette Neveu)의 일기장에서

이승에서의 재능이 너무 특출하면 하늘이 알아보고 먼저 불러간다는

말이 있습니다. 세상을 타오르는 불같이 살다가 짧게 마무리한 천재들이 많은 것은 이러한 말을 뒷받침해주고 있는 듯합니다.

특히 갑작스런 사고로 인하여 세상을 떠난 사람들에게는 그만큼 안타까움이 더해져서 그런지 오랫동안 요절한 천재를 추모하게 되는데, 오늘 글을 쓰고자 하는 지네트 느뵈 역시 그러한 인물 가운데 한 사람이 아닐까… 싶습니다.

그녀에 대하여는 모두들 부연설명을 하지 않아도 잘 아시리라 믿습니다. 그리고 바이올린 연주의 역사에 있어서 그녀를 '천재적' '천부적' 이란 수식어를 붙이지 아니할 수 없다는 것도 동의하실 것입니다.

3. 월드뮤직 베스트1 – 쿠바 〈베보 발데스〉
글쓴이: 강경옥 조회수: 50 09.05.12 11:03 http://cafe.daum.net/kukcl/HMU6/813

우리에게 쿠바라는 나라는 "체 게바라"나 빔 벤더스의 "부에나 비스타 소셜 클럽" 정도로 알려져 있고, 루벤 곤잘레스라는 피아니스트가 뒤늦게 조명되면서 쿠바 음악에 관한 관심 또한 나에게 열병처럼 휩쓸어 간 적이 있는데 아메리칸 재즈와는 색채가 다른, 라틴 재즈 피아니스트의 대부인 살아 있는 전설 베보 발데스(Bebo Valdes)의 음반과 그의 음악세계에 열광하게 되었다.

　내가 그의 이름을 발견하게 된 것은 월드뮤직 컴필레이션 음반에서 아주 독특한 한 곡을 발견하게 되었는데, 〈Lagrimas Negras—검은 눈물〉 허스키한 집시풍의 혼이 실린 보컬이 노래하고, 고급스런 라틴 재즈 피아노가 멋지게 출렁이며 연주되던 이 곡을 들으면서 내면에 잠재한 열정과 혼, 절규의 카타르시스를 끌어내는 마력을 지닌 선율에 소름이 돋을 지경이었다.
　보컬을 맡은 이는 디에고 엘 씨갈라(Diego El Cigala).
　우리나라에서는 거의 알려져 있지는 않지만 스페인을 대표하는 국민 가수다.
　거칠고 텁텁한 음색은 그 누구의 소리와도 구분될 정도로 독특하다.
　쿠반 재즈와 플라멩코 두 거장의 만남으로 라틴 음악의 새로운 장을 열었다.

　베보 발데스의 아들인 추초 발데스 또한 라틴 재즈 피아니스트의 거장이다.
　그도 많은 녹음을 남기고 있는데, 아버지와는 조금 다른 재즈 터치를 느끼는데 이 두 쿠반 거장 피아니스트의 만남 자체로도 아름다운 음반을 하나 남겼고 Bebo Valdes & Chucho Valdes—Juntos Para Siempre (Together Forever) 레퍼토리는 쿠반 재즈곡들을 기반으로 베보가 아들에게, 추초가 아버지에게 추초의 연주는 왼쪽 채널, 베보의 연주는 오른쪽 채널을 통해서 듣게 되는 이 두 대의 피아노가 주고받는 대화 속에 낭만과 행복함이 가득했다.

이 음반에서도 두 대의 피아노가 연주하는 〈Lagrimas Negras〉도 멋지고, 너무나도 유명한 〈Tea for Two〉 들으면서 라틴 재즈의 매력에 빠져보았다.

댓글 6개 이 글을…(0)

최근 우리나라에 소개된 프랑스 영화 〈세라핀〉을 보려고 언제 상영하나 기다리고 있었는데 놓쳐버렸다. 소문을 들어보니 롯데센텀시티에서 상영했다가 순식간에 영화를 내려버렸다 한다. 그래서 며칠 전에 혹시 국도예술관(남포동 근처에서 문화회관 옆골목으로 이전)에서 상영하지 않을까 해서 카페를 뒤져보니 7월 1일부터 시작하는 새로운 상영 프로그램에 세라핀이 포함되어 있었다. 아직까지 영화는 보지 못했지만 그림은 인터넷을 뒤져 찾아보았다. 첫인상은 강렬하고 역시 독특했다. 세라핀은 주로 식물을 대상으로 한 정물화를 그렸다. 그러나 그림에 나타난 식물들은 동물성으로 느껴졌고 그것들이 어찌나 꿈틀거리던지 툭, 건드리면 금방이라도 날아와 나의 목이라도 뜯어먹을 것 같았다. '샹리스의 세라핀' 이라고 불렸던 프랑스의 화가 세라핀 루이는 자연을 사랑하고 여성 특유의 섬세함과 야성적인 붓질감과 풍부한 색채감이 단연 돋보이는 천재화가로, 일생을 통한 너무나 열정적인 작품 활동으로 결국 정신병원에서 생을 마감하는 비운의 화가로 알려져 있다. 마치 김수영 시인이 말한 '온몸시학' 처럼 그녀도 온몸으로 그림을 그리다 산화해버린 것이리라. 봐서 영화를 보러 가야겠다.

평소 미술에 대한 관심이 깊어 해운대 벡스코 건너편에 위치한 시립미술관에 자주 들른다. 전시하는 그림도 그림이지만 2층 자료실도 알차게 이용하는 편이다. 자료실에 비치된 세계적인 화가들의 화집, 미술이론에 관한 다양한 서적들,《월간미술》《공간》《퍼블릭 아트》등등의 국내 미술 전문잡지와 일본에서 출간된 미술 전문잡지《미술수첩》(?) 그리고 작가들의 개인전 팸플릿을 한자리에서 죄다 볼 수 있어 미술작품을 좋아하는 나에게는 더할 나위 없이 좋은 장소다. 그러나 무엇보다도 이러한 예술작품들에서 내가 과연 어떠한 느낌을 가질 수 있는가? 그것들이 내 시 속에 잘 녹아들어 새로움을 창출할 수 있는가 그것이 가장 중요할 것이다.

맺음

K: 그런 고민들을 하셨으리라 대강 짐작은 했습니다. 시를 읽다 보면 영화적 기법이라든지 상상력을 동원하는 것들이 종종 발견됩니다. 영화를 무척 좋아하는 것은 익히 알고 있습니다. 시작과 관련된 영화 이야기도 좀 해주시죠. 영화가 시 쓰기에 미치는 효과라든지, 시와 영화 내

용과의 관련성, 혹은 시 쓰기에 미친 인접 예술 장르에 대해서 이야기해 주세요. 그리고 혼성모방 기법을 사용한 시가 있는지도 궁금합니다.

J: 물론 영화의 영향은 알게 모르게 저의 시 속에 스며들었다고 생각합니다만, 사실은 그림의 기법이나 표현에서 영감을 얻는 경우가 훨씬 많습니다. 김참 시인도 그럴 때가 있지요? 달리, 마그리트, 에드워드 호퍼, 에른스트, 임멘도르프, 크리스토, 보테로, 바네사 비크로포트, 제니 세빌, 그리고 펑정지에, 펑샤오강 등의 중국 현대 작가들과 최근의 국내외 전위작가들은 좋아하는 편입니다. 정기적으로 부산시내 미술관도 순회하고, 벡스코에서 하는 건축대전이나 심지어는 예술작품과 전혀 상관 없는 기계나 수도관 같은 전시회도 보러 다닙니다. 어떤 기계는 조각과 같다는 생각이 들었기 때문이죠. 기계나 제품에도 미학적인 부분이 있는 것 같아요. 그리고 시립미술관 2층 자료실에 한번씩 들러서 세계적인 화가들의 도록을 보는 것도 제가 시작업하는 데 매우 도움이 됩니다. 건축 분야에도 관심을 두고 있어 건축에 관한 서적도 자주 들여다봅니다. 건축예술에 보다 관심을 갖게 된 계기는 르 코르뷔지에가 설계한 〈롱샹교회〉 사진을 보고 난 이후입니다. 건축예술의 기본 목표도 시와 같이 하나의 새로운 공간 창조인 셈이죠. 누군가가 했을 법한 말일지도 모르겠지만… 제 생각으로는 "사람이 공간"이란 말이죠. 공간적인 개념으로 말하자면 한 사람과 같이 마주했을 때와 여러 사람과 마주했을 때는 다르죠. 이 사람과 마주했을 때와 저 사람과 마주했을 때는 다릅니다. 이 사람과 만났을 때는 오랫동안 "그 사람이란 그 공간"에 머무

르고 싶지만 저 사람을 만났을 때는 한시라도 빨리 떠나고 싶은 것입니다. 다시 건축적인 공간 개념으로 돌아가서, 좀 엉뚱할지는 모르겠습니다만 어떤 건축물의 공간, 예를 들어 부산대 근처, 북카페 타임스퀘어의 실내를 걸어갈 때는 갑자기 체중을 줄이고 싶다는 강한 욕구가 생깁니다. 아마도 아름다운 실내 분위기와 바닥에 깔린 나무 바닥재 때문이겠죠. 지금은 보편화되었지만 나무 바닥재를 너무 좋아합니다. 굽 높은 구두를 신고 나무 바닥 위를 걸어갈 때 나는 소리가 듣기 좋겠지요. 이때 체중이 많이 나가는 사람과 적게 나가는 사람의 발걸음 소리가 다르겠죠. 또한 그 공간의 기본적인 용도와는 관계없이 어떤 공간에 있을 때는 삭발하고 싶다라든지, 섹스하고 싶다라든지, 또한, 아파트 공사 현장에서는 색소폰을, 대리석으로 둘러싸여 있을 때는 피아노를 연주하고 싶다라든지 뭐, 그런 식이죠. 술 한잔을 마시더라도 내가 앉은 자리에서 시각적으로 어떤 미학적인 구도가 잡히지 않을 때는 좀 실망하지요. 그냥, 이왕이면 이랬으면 좋겠다는 거죠. 매번 그럴 수야 없겠지요. 뭐, 술 취하면 뭐가 보입니까?

김형술

시_동지들
　　수프와 세탁기
산문_ 시인들은 무슨 재미로 사나

1992년 《현대문학》으로 등단.
시집 《물고기가 온다》 외 4권.
산문집 《그림, 한참을 들여다보다》 외 2권.

동지들

너무 많은 벌레들이 와글거리지요
하늘에서 떨어지고
시도 때도 없이 툭툭 벽에서 튀어나오고
호주머니 속 지갑
서랍을 열고 꾸물꾸물 기어나오는
벌레투성이, 벌레들의 시간

지하철에 앉거나
한낮의 대로변을 걸으면서
벌레들을 씹습니다
잘근잘근, 우물쭈물, 꾸역꾸역
촘촘 가시가 박혔거나 딱딱한 날개
날카로운 더듬이를 가진 이것들을
뱉거나 삼키기는 정말 쉽지 않습니다

앉은 자리마다
지나간 발자국마다

벌레들의 잔해 여기저기 남으니
숨을 곳도 도망칠 곳도 없는

이곳은 지옥인지요
천국입니까

이 힘센 벌레들을 위해서
벽 속으로 걸어 들어가
열 손끝에서 솟은 푸른 칼날을
혈관마다, 머리 속 깊숙이 찔러넣곤 하지요

꿈틀거리는 벌레의 몸
잘려나가는 팔다리의 감촉

참을 수 없이 가볍고
미칠 듯이 가려운 말의 생애가 뿜어내는
싱싱한 피비린내로

두 겹의 날개
열두 개의 다리
천 개의 눈이 주렁주렁
온몸에 매달리기도 합니다만

늘 도망쳐도 그 자리
침묵과 비명 사이 어정쩡하게
덜미를 잡힌 채 세상을 활보합니다
뻔뻔스럽지만 제 몸의 반이
이미 벌레입니다

거긴 어떻습니까
친애하는 동지들 혹은 적들인
당신의 경우

수프와 세탁기
_조말선의 시 〈수프〉에 부쳐

수프를 끓일 때 아버지와 엄마와 나는 항상 마주 앉거나 곁에 앉는다 빙글빙글 냄비를 저으니 아버지와 엄마와 내가 섞인다 빙글빙글 얼굴들이 섞인다 빙글빙글 얼굴들이 뭉개진다 아버지와 아버지와 아버지가 돈다 엄마와 엄마와 엄마가 돈다 나와 나와 내가 돈다 한 그릇 끈끈한 액체가 되기 위해 나는 돈다 나는 수차례 나도 모르게 아버지가 되는 것이다 나는 수차례 나도 모르게 어머니가 되는 것이다 혼숙과 혼음의 수프, 농도가 알맞은 수프는 상처 내기 쉽다 아물기 쉽다 잘 끓여진 수프에서 물집들이 솟아오르고 가라앉는다 잘 뭉개진 아버지와 엄마와 나 태어나기 전으로 돌아간 아버지와 엄마와 나 태어나기 전부터 상처인 따뜻한 한 그릇 가족

—조말선, 〈수프〉

세탁기

세탁기에 빨래들이 쌓인다. 고쟁이 위에 청바지, 교복 아래 작업복,

와이셔츠 위에 줄무늬, 꽃무늬 팬티. 세탁기 속에 식구들이 엉킨다. 아들 위에 엄마, 딸 위에 아버지, 아버지 위에 또 아버지, 할아버지, 할머니…

물을 채우고 세제를 녹여 서로 뒤섞인다. 피를 채우고 인연을 녹여서 서로 뒤엉켜 돌아간다. 빙글빙글 몸들이 섞인다. 몸속에 고인 시간들이 섞인다. 아들 몸속으로 스며드는 어머니, 딸의 가슴을 움켜쥔 아버지, 할머니에게 사로잡힌 딸, 아들 다리에 감긴 할아버지

윙윙 전속력으로 돌아갈 때마다 필사적으로 서로 부둥켜안는다. 어머니의 가슴에 매달린 성기, 아버지 사타구니 사이 솟는 젖가슴, 할머니 머리채를 거머쥐는 아버지, 거머쥐고 놓지 못하는 수많은 목숨과 목숨, 가계들

솟구치고 가라앉히며 우당탕탕 돌아간다. 태곳적부터 있어왔던 세탁기는 고장 나지 않는다. 누구도 벗어날 수 없는 성스러운 울타리, 누구

도 허물지 못하는 혼숙과 혼음의 강철감옥

  세상 모든 집들은 세탁기를 가졌다. 세상 모든 집들에서 세탁기가 돌아간다. 큰소리를 내면서 또 아무 소리 없이 날마다 길들이고 서로 길들여져서 순응하며 낡아가는 식구들, 허공에 나란히, 사이좋게 걸려 펄럭인다. 떨어지지 않는다.

시인들은 무슨 재미로 사나

재미 하나

원고청탁을 받거나 받지 않아도 머릿속에 늘 새로운 시를 담고 구상하는 게 일상이다. 누군들 그렇지 않을까마는 나 역시도 원고를 마감해야 할 시기에 어디로 출장을 간다든가, 어떤 일에 얽매여서 다른 건 전혀 신경을 쓸 수 없는 지경에 처하게 되기 일쑤여서 원고청탁이 오든 안 오든 늘 시를 생각한다. 나는 메모를 전혀 하지 않는다. 회사에서 컴퓨터 모니터 앞에 앉아 이러저러한 숫자들과 씨름하거나 출장을 가면서 세상의 풍경들을 바라보거나 늦은 밤 술에 취해서 집으로 돌아올 때, 그럴 때 문득문득 스치는 생각들을 그냥 방목한다. 가볍게 스치는 생각들을 붙들어봐야 억지밖에 되지 않아서이다. 그저 방목되어 먼 초원으로, 사막으로, 숲 속으로 떠났다가 무심히 돌아오는 말들만 담담하게 받아들일 뿐이다. 언제부턴가 그게 가장 자연스러운 일이 되어버렸다. 내게로 왔다가 떠났지만 이러저러한 연유로 다시 돌아온 말들을 붙들고 말과 씨름하는 일은 스스로 생각해도 참 지난하다. (말과의 씨름은 세상과의 씨름이고 세상의 먼지 같은 일부인 나와의 싸움이고 내 안의 나와 내 바깥의 나와 내 너머의 내가 서로 뒤엉켜 싸우는 진흙탕 싸움일 터이다.) 니가 이기나 내가 이기나 한번 붙어보자는 심정으로 말과 나는 씨름을 시작한다. 어떤 말은 가볍게 나를 쓰러뜨린 후 휘파람 불며 떠나가고 어떤 말은 몇 년이 지난 지금도 여전히 씨름 중이며 또 어떤 말은 너무 쉽사리 항복을 선언하며 내 허술한 말테우리에 갇힌다. 그렇게 말과의 싸움이 끝났다고 생각되면 나는 왠지 뒤돌아보기가 싫다. 문학지에 실린 내 말도 쳐다보기 싫고 시집에 실린 말들 마찬가지다. 왜 나는 내가 씨름한 말들이 두 번 다시 보기 싫은 것일까, 를 생각해보니 그건 부끄러움 때문이다. 나와 씨름한 말들은 결코 내게 지지 않았다. 그야말로 유행가 가사처럼 "다만 내가 나를 속여가면서 믿고 싶어 했을 뿐"(김완선, 〈나만의 것〉)이다. 그러니 아무리 철면피라고 해도 어찌 그 말을 다시 들여다볼 수 있으랴. 그럼에도 불구하고 나는 뻔뻔스럽게도 다섯 채의 말테우리(시집)를 허공에다 떠억 세워놨다. 들여다보나 마나 그 안에 남아 있는 말은 거의 없을 것이다. 있다고 해도 병든 말이거나 비루먹은 말들일 게 틀림없다. 그러니 부끄럽고 그래서 부끄럽다. 부끄러운 짓은 두 번 다시 하지 않아야 함에도 불구하고 여전히 나는 이런저런 부끄러움을 무릅쓰고 내게 찾아오는 말들과 씨름 중이다. 씨름하다 지면 화가 나서 술 마시고 이겼다 싶다가도 돌아서면 패배가 자명하니 슬퍼서 술 마시고 몇 년 동안의 씨름이 끝나지 않은 말들이 지겨워서 또 술 마시고, 그러니 느는 게 술뿐이다. 어쩌면 나는 술 마시는 재미로 말들에게 싸움을 거는지도 모르겠다. 시인들, 세상의 많고 많은 시인들은 도대체 무슨 재미로 사는지, 궁금하다.

재미 둘

　사회생활을 하다 보면 이런저런 친분을 가지게 되는 사람들이 많기 마련, 가능하면 나는 먹고 사는 일로 얽힌 사람들이 내가 시를 쓴다는 것을 몰랐으면 싶다. 하지만 어쩌다 그걸 들키게 되면 난감하기 그지없다.
　"머시라? 김부장이 시인이라꼬?
　살다 벨일이 다 있네. 저래 피도 눈물도 없는 인간이 시인이라꼬?
　시인이라 카모, 거 머시고, 좀 낭만적이고… 고결하고… 지적이고…. 거 안 있나 와. 그거 머꼬, 그거."

　시 쓰고 사는 일이 그리 부끄러운 일도 아니건만 나는 또 사정없이 부끄러워지기 시작한다. 니가 시인이라꼬? 라는 말 속에 숨은 시인이라는 존재에 관한 막연한 기대치와 나와는 영 먼 거리라는 걸 알기 때문이다. 세속적이고 속물이기 그지없는 데다 술 잘 처먹고 남들 다 하는 거 안 하는 게 없고… 그런 기타 등등의 이유는 어김없이 나를 시인의 탈을 쓴 시인 같잖은 인간으로 만들고 만다. 그러니 나쁜 짓 하다 들킨 사람처럼 얼굴이 벌게지기 일쑤다. 그런 나를 보기 좀 안쓰럽거나 무안해지면 사람들은 말한다.

　"시인이 될라 카모 거 머시고, 이태백이나 서정주 정도는 돼야지. 사춘기도 아이고 시는 무슨… 그나저나 무슨 시를 썼능교? 시집은 있능교? 있으모 한 권 주보소. 한번 읽어보거로. 나도 소시쩍에는 문학청년 이었다카이."

소녀시대 노래보다 더 많이 듣는 레퍼토리건만 이놈의 레퍼토리는 영 익숙해지지가 않는다. 맨날 처음 듣는 신곡이다. 이럴 때 내가 되돌려주는 레퍼토리는 이제 내가 지겨워서 못 들을 지경이지만 그래도 이 레퍼토리밖에 없다.

"알겠심미더. 하지만 읽어보나 마나 선생님이 시인하시는 게 나을 껍니더."

말은 그렇게 해도 나는 사람들이 여전히 시인에 관해 갖는 선의와 경외심이 늘 두렵기 그지없다. 이 치열한 동물의 왕국, 약육강식의 현장에서 그나마 시인이라고 하면 좀 인간 비슷한 동물로 쳐주는 셈이니. 근데 어쩌다가, 무엇을 위해, 뭘 바라고, 나는 시를 쓰게 된 것일까. 술 취한 사람들이 했던 말 또 하고 또 되풀이하는 것처럼 나는 끊임없이 이걸 되묻고 되묻는 재미로 사는 것 같다. 사실 힘들고 심란하기만 할 뿐 별 재미는 없다.

재미 셋

어떤 막연한 갈증으로 이러저러한 시집들을 읽고 전시회를 다니고 연극이며 콘서트며 그런 잡다한 것들을 혼자 섭렵하고 다니던 80년대 후반, 내가 시에 관한 꿈도 못 꾼 이유는 나 역시 시인이라는 존재와 글을 쓴다는 행위 자체가 너무도 크고 숭고해 보여서다. 학력도 지식도 낮거니와 시 쓰는 일에 관한 전문적인 교육을 받은 것도 아니고 스스로 생각해도 시를 쓸 수 있을 만큼의 인격이나 덕목을 갖추지 못했다고 생각한 이유도 있을 것이다. 그저 교양의 일부로, 좋아하는 시를 좀더 잘 이해할 수 있었으면 좋겠다는 생각으로 평론집이며 시론집 등을 이해하지 못하는 채로 잡다한 책들과 함께 읽곤 하는 게 전부였다. 당시에도 지금과 마찬가지로 나는 사상, 금사, 반송 등의 공단에 소재하는 중소규모의 공장들을 방문해서 기계설비, 생산공정 따위를 조사하고 그 기업의 가치에 관한 보고서를 쓰는 일을 하고 있었다. 지금과는 비교할 수 없는 열악한 노동환경과 노동현장을 거의 날마다 곁에서 지켜보아야 했다. 자본주의 산업기반과 그걸 기반으로 움직이는 사회 시스템에 관한 거부감과 열패감을 억누른 채로.

반송에 5층짜리 신발제조 하청업체가 있었다. 1층에서 5층까지 공장인 그곳은 신발밑창의 접착제인 공업용 본드의 냄새가 자욱해서 잠깐만 그곳에 머물러도 그 냄새에 취해 거의 환각상태에 이르곤 했는데, 그곳의 노동자들은 마스크도 없이 익숙하게 자신이 맡은 일들을 해내고 있었다. 현장조사를 마치고 옥상에 있는 기업주의 휴게실에 올라갔는데, 그곳은 바로 아래층의 공장과는 완전 다른 세상이었다. 잔디가 깔려 있는 옥상으로 눈부신 햇빛이 쏟아졌고 분수대에선 구슬 같은 물방울이 솟구쳐 햇빛에 반짝였다. 붉은 기와를 얹은 양옥집의 창 넓은 거실엔 첨단의 전자제품들과 값비싼 그림, 골동품들로 채워져 있어 옥상의 입구엔 경비들이 지키고 서서 노동자들의 출입을 막는 그런 곳이었는데 그때 느꼈던 어떤 감정, 분노와 두려움과 슬픔과 공포가 뒤섞인, 말로 표현하기 힘든 감정들을 지금껏 잊지 못하고 있다. 그런 탓이었는지 당시 손쉽게 접할 수 있었던 이러저러한 책들이 마뜩찮게 느껴지기 시작했다. 내가 알고 있는 노동현장과 책 속의 세상은 괴리감을 갖고 있는 듯했고 지식인들의 의식세계와 현장 노동자들의 세계 사이에 가로놓인 간극은 크게만 느껴졌다. 왠지 모르겠지만 나는 그저 부끄러웠다. 분노나 비관, 절망 따위의 감정보다는 부끄러움이 나를 먼저 찾아왔다. 내가 하는 일, 내가 읽는 책들, 내가 알고 좋아하는 노래들 모두가 아무 짝에도 쓸모없는 겉치레인 것만 같고 나 자신 또한 허영과 위선으로 치장된 껍데기 같았기 때문이다. 그런 부끄러움들을 그저 일기장에 몇 줄 끄적이기만 했을 뿐 누구와도 내 생각을 나누거나 공감을 구하고자 하지도 못했다. 세상에 대한 그저 막연한 어떤 느낌만 있었을 뿐 그걸 체계적으로 또 논리적으로 풀어내고 설명할 만한 구체적인 지식도 깊이도 없었기 때문이다.

하지만 어쩌다 등단을 하게 되고 지역의 시인들을 알게 되고 나도 시집이라는 걸 갖게 되었지만 여전히 나는 누가 김시인, 하고 부를라치면 쑥스럽고 부끄럽다. 시인, 이라고 불릴 만큼 나는 최선을 다해서 언어에 복무하고 있는가, 시인이라는 이름에 걸맞는 사고방식과 사회적 의식을 갖추고 이를 실행하고 있는가. 그런 생각이 먼저 든다. 때때로 스스로에게 화가 나서 "아, 뭐 시인은 사람 아이가"라고 스스로를 위로하기도 하지만 아무리 그래봐야 나는 시인과 생활인의 중간을 어정쩡하게 걷고 있는 것 같다. 직장인들 사이에서 "회의를 많이 하는 회사치고 안 망하는 회사 없다"는 속설이 있다. 의미야 다르지만 나도 스스로에 관해 회의를 너무 많이 하는 것 같다. 맞다. 나는 회의하는 사람이다. 시라는 형식에 관해, 시를 쓰는 행위에 관해, 현대사회에서 시가 가지는 존재가치에 대해. 그래서 아무런 회의 없이 자기만의 흔들리지 않는 확신으로 시를 쓰는 시인들이 부럽다. 앞뒤전후 가리지 않고 미친 듯이 자기 세계에 몰입하는 시인들의 열정이 부럽기 그지없다. 직업 탓인가. 성격 탓인가. 아주 짧은 몰입의 순간이 지나면 나는 어느새 뒷짐을 지고 시와 시인이라는 이 이상한 괴물을 멀찌감치 서서 바라본다. 맞다. 나는 뒷짐 진 사람이고 뒷전에 서 있는 사람이다. 멀리서 제 시와 제 존재의 맹점들을 끊임없이 들여다보면서 교활하게도 다른 시와 시인들을 똑같은 시선으로 훔쳐본다. 왜 그럴까. 앞에 나서서 큰 목소리로 주장하게 되면 받아야 하는 비판과 힐난이 두려워서이다. 생긴 건 조폭처럼 생겼으면서 하는 짓은 완전 새가슴이다. 두려움이 많은 사람은 멀찌감치 물러선

구경꾼밖에 될 수 없다. 구경꾼은 아무런 책임을 지지 않아도 된다. 구경꾼의 다른 이름은 방관자이고 나는 시를 정말 잘 쓸 수 있었으면 하고 바라면서 앞에 나설 용기는 없는 비겁한 방관자이다. 딴에는 시와 현실의 균형을 갖기 위해서, 시를 위한 시에 함몰되지 않기 위해서, 냉정하게 열린 시각으로 시를 바라보기 위해서라고 구구절절 변명을 늘어놓지만 누가 뭐라고 하든 상관없이 씩씩하게 황무지로 나가지 못한 채, 담장 밖에서 까치발을 한 채 담 너머로 시를, 세상을 넘어다보는 나는 구경꾼이다. 맞다. 아무리 생각해도 나는 남의 집 불구경하듯 시를 넘어다보는 재미로 산다. 이건 자칫 자기비하의 함정에 빠질 우려도 있지만 때때로 재미가 있기는 하다.

  시인들은, 제 삶과 제 살과 제 영혼을 송두리째 시의 제물로 바친 시인들은 무슨 재미로 살까. 정말로 궁금하기 짝이 없다.